Pedagogías en la mochila

Referentes y saberes prácticos
de una travesía docente

Maria Lozano Estivalis

Pedagogías en la mochila

Referentes y saberes prácticos de una travesía docente

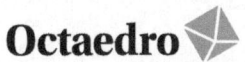
Octaedro

Colección Octaedro Educación

Título: *Pedagogías en la mochila. Referentes y saberes prácticos de una travesía docente*

Asesor editorial: Jaume Carbonell Sebarroja

Primera edición: abril de 2025

© Maria Lozano Estivalis

© De esta edición:
Ediciones OCTAEDRO, S.L.
Bailén, 5 – 08010 Barcelona
Tel.: 93 246 40 02
octaedro@octaedro.com
www.octaedro.com

ISBN: 978-84-1079-071-1
Depósito legal: B 7882-2025

Realización y producción: Editorial Octaedro

Impresión: Ulzama

Impreso en España - *Printed in Spain*

A Rafa, aliento esencial en cada trayecto.

Índice

Introducción

Cada palabra, cada historia

> *No solo a vender y a comprar se viene a Eufemia, sino también porque de noche junto a las hogueras que rodean el mercado, sentados sobre sacos o barriles o tendidos en montones de alfombras, a cada palabra que uno dice —como «lobo», «hermana», «tesoro escondido», «batalla», «sarna», «amantes»— los otros cuentan cada uno su historia de lobos, de hermanas, de tesoros, de sarna, de amantes, de batallas. Y tú sabes que en el largo viaje que te espera, cuando para permanecer despierto en el balanceo del camello o del junco se empiezan a evocar todos los recuerdos propios uno por uno, tu lobo se habrá convertido en otro lobo, tu hermana en una hermana diferente, tu batalla en otra batalla, al regresar de Eufemia, la ciudad donde se cambia la memoria en cada solsticio y en cada equinoccio.*
>
> ITALO CALVINO, *Las ciudades invisibles*, 1972

La docencia es un viaje, cientos de encuentros y miles de historias. Cada trayecto es como una salida prevista y planificada que termina abriéndose a lo inesperado. Todo el mundo sabe que en las excursiones solo hay que llevar una mochila con lo fundamental, aunque quienes se dedican a la educación saben que «lo fundamental» se despliega en múltiples posibilidades. Una piedra, una hoja, un caracol, un objeto aún indescifrable pueden tener tanta importancia como el agua o el protector solar porque valen su peso en historias. Cómo hemos descubierto esas cosas, por qué decidimos sumarlas a la travesía, qué lugar van a ocupar en nuestro pequeño mundo…, todo puede formar parte de un relato de vida, al menos de la vida que sucede mientras recordamos el camino recorrido.

Hay desplazamientos más vitales en los que el equipaje de partida es toda una declaración de identidad. En sus estudios sobre inmigración, la antropóloga Natalia Alonso afirma no haber conocido a nadie que hubiera olvidado lo que trasladó en su maleta. Son objetos escogidos para acompañar cambios esenciales, retales de memoria que contienen parte de aquel espacio y aquel tiempo perdidos. Y cuando en los lugares de destino se propicia el encuentro, cuando las personas migrantes comparten lo que cada una ha llevado consigo, la historia que acompaña a cada objeto pasa a formar parte de una narración más amplia, un relato capaz de tejer una nueva memoria comunitaria.

Durante mi experiencia profesional he hecho y deshecho unas cuantas mochilas. Treinta años como profesora universitaria dan para bastantes tránsitos. Uno de ellos largo, cuando en 2011 dejé de impartir mis clases de Comunicación y Periodismo en la UCH-CEU de València, para trasladarme al Área de Teoría e Historia de la Educación de la UJI de Castelló. Aquel fue un salto significativo, sin duda. En mi primera etapa docente había descubierto múltiples conocimientos sobre dinámicas, estructuras y mediaciones comunicativas, pero ya me había aventurado a emprender más de una excursión teoricopráctica por el campo de la pedagogía, del cual obtuve aprendizajes sobre la finalidad y el alcance de la educación. Interesada por la dimensión educativa de los medios, pronto comprobé que la frontera entre comunicación y educación es muy porosa y que es en sus zonas limítrofes donde resulta más fértil el conocimiento acerca de la cultura. Desde el primer día que llegué a la UJI, ya en un ámbito educativo más formal, sigo apostando por esos saberes fronterizos que posibilitan la transdisciplinariedad. De hecho, me resulta imposible concebir la docencia y la investigación sin abordar el mestizaje intenso y diverso de perspectivas y métodos.

Los desplazamientos continuos entre áreas comunicativas y educativas, antes y ahora, me han permitido disponer de un cierto bagaje en el ámbito de estudio de ese vasto territorio de saberes que se conoce como Educomunicación. De hecho, siempre procuré que mis estudiantes de Comunicación reflexionaran sobre su responsabilidad educativa. Ahora, como formadora de docentes de Infantil, Primaria y Secundaria, intento que el futuro profesorado asuma su compromiso comunicativo dentro y fuera del aula, ofreciéndole herramientas que le capaciten para participar críticamente en la sociedad del conocimiento.

Además de la experiencia con el alumnado universitario, uno de mis tesoros más preciados en todo este periplo lo configuran los conocimientos construidos junto a profesores y profesoras en activo de enseñanza obligatoria a través de la cotutorización de las prácticas curriculares de Magisterio, la formación permanente y los proyectos de investigación-acción participativa. Siguiendo la máxima de Antonio Machado de que lo que sabemos lo sabemos entre todos, he colaborado en múltiples acciones llevadas a cabo en los centros: reflexionar sobre las prácticas docentes, generar saberes teoricoprácticos sobre procesos de democratización escolar y educación intercultural, diseñar métodos para la investigación inclusiva y la vinculación de la escuela a su territorio… Se trata en todos los casos de aprendizajes únicos que han colmado una mochila de experiencias y saberes. Entre ellos, uno fundamental: la necesidad y el valor de compartir lo encontrado.

Agradezco la oportunidad que Jaume Carbonell y Octaedro me brindan de dar cuenta aquí de algunos de esos hallazgos. En las páginas siguientes explicito mis inquietudes, mis dudas y algunas de las paradojas que se me han presentado desde mi experiencia como profesora. Es este un trabajo que recoge, por tanto, memoria, pero también propuesta; un documento que pretende mostrar las huellas marcadas sobre mi vivencia específica de la universidad y aportar al mismo tiempo conocimiento sobre acciones educativas concretas.

Como docente, he reflexionado acerca del saber, la academia y la cultura, así como sobre mi posición teoricopráctica en torno a la tarea de educar. Por descontado, ese pensamiento tiene un componente de interiorización personal marcado también por mi propia condición de mujer, europea y blanca, traducido en códigos y formas de conocimiento situado. Confío, no obstante, en que las ideas y el relato de experiencias que presento conecten con las vivencias de otras personas interesadas en la educación y puedan contribuir de algún modo a la reflexión y acción pedagógicas.

El libro no pretende ser una especie de cartera pedagógica surtida de recursos didácticos. Mi planteamiento se aproxima más a la idea de caja-maleta de Marcel Duchamp, artista francés que en 1936 ideó un sistema de exposición transportable de su obra. Consistía en una caja de viaje desplegable con reproducciones en miniatura de las pinturas y esculturas que él quería mostrar fuera del rígido espacio de un museo estático. En mi caso, he seleccionado diez términos que resumen mi posición docente, unos conceptos que se explican en contraste con el pensamiento de una selección de autores y autoras, diez referentes pedagógicos que me resultan de especial relevancia. Mi intención es desplegar, lejos del rígido y museístico registro académico, un relato personal de lo que hoy por hoy pienso y vivo como profesora e investigadora en educación a partir de ese decálogo de conceptos y referentes.

El por qué hacerlo de esta manera también forma parte de mi memoria educativa. De pequeña jugaba con mi madre a coleccionar palabras. Buscábamos en el diccionario alguna que nos llamara la atención por divertida o misteriosa e inventábamos una definición para ella. Después leíamos lo que esa palabra quería decir realmente y decidíamos si nos la quedábamos. En la confección de este trabajo, mientras decidía cómo ordenar ideas y experiencias para clarificar argumentos o explicitar mi compromiso con la educación, he recordado aquel juego. Así, he seleccionado entre todos los conceptos recopilados una serie de términos que he estudiado y redefinido a lo largo de estos años: comunicación, libertad, pensamiento, cultura de la infancia, currículum, escuela, memoria, política, diversidad y cuidado. Todas ellas son palabras clave que en cada capítulo actúan como ejes narrativos, al tiempo que me permiten explicitar mi propia posición profesional.

Si estas palabras coleccionadas son objetos valiosos que me ayudan a definir mi identidad docente, los títulos de cada capítulo corresponden a referentes pedagógicos que actúan como guías para orientar las reflexiones que se suceden en estas páginas. Son hombres y mujeres cuya obra está vinculada a la educación desde diferentes contextos, en momentos diversos y con pluralidad de perspectivas, pero compartiendo el compromiso con el componente utópico y emancipador de la educación.

De las obras de Jesús Martín-Barbero, Rebeca Wild, María Zambrano, Loris Malaguzzi, José Gimeno Sacristán, Philippe Meirieu, Rosa Sensat, Henry Giroux, bell hooks y Yayo Herrero he extraído un valioso conocimiento que sirve de contraste teoricopráctico. Obviamente, no son las únicas referencias que han repercutido en mi carrera —no sabría decir incluso si son las más determinantes—, pero en estos momentos y entre las opciones posibles, sí pueden ser las más coherentes con el sentido de este viaje.

En los distintos capítulos recojo mi particular interpretación de aquellos conceptos y mi interlocución con una selección de obras de referencia. Pero también me atrevo a invitar a profesoras y profesores de las distintas etapas educativas a que las reescriban con sus propias miradas. A que las reformulen o a que seleccionen aquellas otras que les resulten especialmente significativas para sus experiencias. También a que compartan esos relatos surgidos de su bagaje profesional y vital en sus propias travesías docentes para poder conformar colectivamente una narrativa pedagógica.

Cada capítulo está estructurado en tres partes que recogen las cuestiones que considero más significativas respecto a los conceptos clave. El encabezamiento de cada uno de los epígrafes se elabora con la totalidad o con parte de algunas reflexiones extraídas de la lectura de textos de cada autor y autora. Es un recurso de estilo en el que las citas anuncian el contenido del apartado, pero también pretenden advertir, sorprender, seducir; en definitiva, invitar a la lectura. En general, todas las frases replicadas en el libro son anclajes que fundamentan y dan sentido al discurso, porque, siguiendo a Michel de Montaigne, «yo no cito a otros más que para expresar mejor mi pensamiento».

Decía Jorge Wagensberg que comprender y aprender quizá sean, en último término, actividades rigurosamente individuales, pero siempre ocurren en el extremo de alguna forma de conversación. Los aprendizajes que asoman en estas páginas dan cuenta de múltiples diálogos, con el pensamiento de autores y autoras, pero también con las personas con las que inicié el camino, con todas aquellas que me he ido encontrando en los distintos trayectos y aquellas con las que continúo en ruta, dentro y fuera de la universidad. Agradezco muy especialmente a mis compañeros y compañeras del grupo de investigación MEICRI (Mejora Educativa y Ciudadanía Crítica) de la UJI que me hayan enseñado tanto de tantas cosas. Entre otras, a perderme sin miedo por los vericuetos de la docencia y la investigación.

Este es un proyecto mochila cargado de conversaciones con personas, textos, pensamientos, prácticas, teorías y experiencias vitales. Como en la Eufemia de Italo Calvino, se trata de un conjunto de narraciones contadas a partir de palabras, las mismas que desde diferentes miradas y contextos provocan otros relatos. Unas historias que, en suma, quedan abiertas al contraste, la discusión y la espera de esos otros mundos posibles que puedan surgir a partir de su lectura.

1. Memoria

Rosa Sensat (1873-1961)

Nuevas prácticas, raíz y fundamento

> *¿Es que el nuevo pensamiento y las nuevas prácticas son cosas completamente desligadas del pasado y no tienen raíz ni fundamento?*

Durante la primera semana de prácticas, el alumnado de Magisterio busca información sobre el contexto de la escuela en la que desarrollará sus actividades formativas. Cuando les pregunto por el nombre del centro —por qué se llama así y quiénes lo han decidido—, la mayoría lo desconoce. Nos detenemos entonces en las referencias a personas: ¿Quiénes son Felicinda Collei, Gabriela Mistral, José Martí, Enric Soler i Godes...? ¿Por qué dan nombre a las escuelas? Esas reflexiones nos permiten ahondar en el propio concepto de identidad escolar, qué sentido tiene darle un nombre propio a la escuela y qué posibilidades pedagógicas (culturales, históricas y comunitarias) ofrece el visibilizar a la persona que lo inspira.

Yo misma experimenté hace años el potencial de este tipo de interrogantes. Para mí, Rosa Sensat era una asociación catalana de profesorado de Infantil y Primaria. Su sólida trayectoria en defensa de la escuela pública y su labor de asesoramiento, formación y divulgación pedagógica había consolidado la Associació de Mestres Rosa Sensat como un referente de primer orden en el ámbito educativo. Cuando me incorporé al Área de Teoría e Historia de la Educación de la UJI me interesé por el origen de ese nombre y descubrí entonces a una mujer que vivió entre dos siglos decisivos para el avance del feminismo y la pedagogía, y supo aprovecharlos. Una pedagoga comprometida con los ideales humanistas y evolucionistas que creía que la educación era un instrumento civilizador y de modernización. Una maestra tenaz y con mentalidad científica que hacía de la escuela un espacio para observar y experimentar. Seguidora de la filosofía de la Institución Libre de Enseñanza y en perfecta sintonía con el movimiento de la Escuela Nueva, Sensat dirigió la sección de niñas de la primera escuela pública al aire libre en España: L'Escola de Bosc de Montjuic, en Barcelona, desde donde puso en práctica una didáctica vinculada con la naturaleza. «La mejor escuela es la sombra de un árbol», decía, y bajo esa sombra tenía que crecer el conocimiento de las criaturas alentadas por los dos principios básicos que regían su pedagogía: el vitalismo y el naturalismo.

La vida tenía que penetrar en la escuela en todas sus formas y manifestaciones y la escuela, a su vez, debía vincularse con el entorno para posibilitar un aprendizaje efectivo. Las excursiones eran un recurso educativo de primer orden: «Me convencí de que fácilmente se entienden maestro y alumnos en presencia de la realidad» (1909). Y de esta manera ejerció siempre su magisterio, «convenciéndose» a base de reflexión, contraste y experiencia, y poniendo en práctica lo aprendido en sus visitas pedagógicas a más de treinta escuelas europeas. Especialmente importante fue la visita a la escuela de l'Ermitage de Bruselas, donde Ovide Decroly desarrollaba su teoría de la globalización, según la cual niños y niñas captan la realidad en su conjunto antes que sus elementos particulares.

A Sensat le fascinaba su forma de organizar la enseñanza a partir de centros de interés, unidades de trabajo que globalizan todos los aprendizajes partiendo de los intereses reales de las criaturas. Recordaba especialmente cómo Decroly utilizaba los objetos cotidianos para que el alumnado no solo aprendiera, sino que hiciera ciencia: «Aquellos niños que trabajaban libremente en medio de aquel material vivo que era la naturaleza misma puesta a su alcance, traída a la escuela por sus propias manos y por su mismo afán de investigación y descubrimiento, van a influir profundamente en mi espíritu y me sugirieron, sin ninguna duda, muchas de las inspiraciones futuras».

Lejos de creer en el valor de la originalidad, la invención radical o el hecho de no deberle nada a nadie que tanto prolifera ahora bajo el mantra de la innovación educativa, Sensat reconocía en sus escritos y en sus acciones cada una de estas inspiraciones. Además de las ideas de Decroly y de otros coetáneos como Ferrière, Dewey, Montessori o Claparède, su pensamiento contrastaba ideas de Rousseau, Pestalozzi o Fröbel. El suyo era un magisterio con fundamentos y raíces, hecho de nuevo conocimiento científico y también de lo que llamaba «cosas viejas de la pedagogía», que son «siempre nuevas y actuales si se tiene en cuenta la distancia que se establece entre las concepciones especulativas y las prácticas escolares». Comparto con el alumnado este aspecto para combatir esa especie de adanismo pedagógico que inunda las redes sociales, una obsesión por «lo nunca visto» que desprecia la memoria educativa construida colectivamente. Asignaturas como Historia de la Educación no solo deben estimular el reconocimiento de las huellas del pasado en la actual metodología docente, sino que han de poner también al alumnado en situación de valorar el potencial educativo de su propia memoria. En este sentido, la elaboración de un diario de aula y la documentación de la vida que sucede en la escuela —ambas son cuestiones esenciales para Rosa Sensat— son prácticas importantes para construir nuevo legado pedagógico.

Desde esas premisas, el Museu Pedagògic de Castelló procura construir narrativas que revitalicen la memoria de la educación en su contexto. No partimos de una concepción lineal y evolucionista de la historia, ni se reduce la búsqueda a las referencias estrictamente legitimadas por la academia. La memoria pedagógica se concibe más bien como una especie de red de conexiones que se activan en la medida en que se estimulan desde la reflexión y la acción sociocomunitaria. Porque se puede contar la historia de la pedagogía desde el principio que marca la tradición académica, pero ¿cuántos principios de esa historia se podrían contar si conociéramos otras prácticas educativas y otras reflexiones no escritas de las consideradas «normativas»? Diarios de aula, relatos de vida, cartas y escritos personales, entrevistas, memoria oral de lo acaecido en todo tipo de centros… Todo constituye una verdadera fuente de conocimiento, un archivo vivo que visibiliza personas y genera memoria colectiva.

Una de las últimas dinámicas que se ha llevado a cabo desde nuestro museo une esta necesidad con la recomendación de Rosa Sensat de salir de los muros de la escuela para comprender la realidad. El objetivo, dar a conocer a estudiantes de Magisterio la historia de las llamadas escuelas-masía que a lo largo del siglo xx dieron servicio a los habitantes de núcleos poblacionales rurales diseminados en las comarcas de Castellón. Para ello se organiza una excursión que recorre el camino que realizaban las criaturas para llegar a clase. El largo trayecto por las montañas –de hasta tres horas– permite revivir su experiencia y conectar con la naturaleza, reflexionar sobre los espacios y tiempos pedagógicos y contrastar con el sentido actual de los trayectos escolares. Gracias a que hay escuelas-masía que aún se conservan como detenidas en el tiempo, el alumnado puede imaginar su día a día a partir de la lectura compartida de relatos sobre la experiencia de las maestras y maestros que las habitaban. Cosas viejas y recientes, caminos recorridos sobre las huellas de otros profesionales y apertura de nuevas sendas desde la experimentación y la propuesta. Saberes que se mezclan, se reciclan y avanzan creativamente en el sentido que Vygotski le daba a la creatividad: la capacidad humana de reestructurar lo viejo para construir lo nuevo.

La mujer, su destino

La mujer, cuando se educa, no conoce su destino.

Rosa Sensat discrepaba de la lógica de Rousseau según la cual la mujer es un individuo relativo que se define en relación con el hombre y cuyo destino está determinado por la función materna. Ella se situaba más próxima a Mary Wollstonecraft y Olympia de Gouges, que ya en el siglo XVIII reclaman una naturaleza humana primera más allá de las diferencias de sexo y la correspondiente asignación de funciones. Según Sensat, esa naturaleza primera se traduce en el reconocimiento de la mujer como un ser inteligente y libre, un individuo de la especie humana que se tiene que educar por encima de todo «para conseguir su personalidad, sea cual sea posteriormente su destino».

La pedagoga, influenciada por el feminismo conservador y católico de la burguesía de su época, no cuestiona la maternidad y el cuidado de los hijos como deber femenino instaurado por la naturaleza y requerido por la sociedad, pero no acepta que sea el único, ya que existen mujeres que no son madres: «¿Puede la mujer, en este punto, elegir su destino?». Tampoco concibe que la maternidad sea el deber principal. Antes prioriza el de trabajar para contribuir al progreso y el de educarse «en el sentido de desarrollar las facultades que posee y del perfeccionamiento de todo su ser». El Estado estaba obligado, por tanto, a proveer a las mujeres de una adecuada formación cultural, ética y científica, necesaria para acceder a una carrera profesional y para que no se convirtieran en personas incultas, esposas sumisas y madres necias.

El suyo era un feminismo ante todo educativo y centrado en el empeño por que las mujeres consiguieran la emancipación intelectual y económica, siempre dentro de parámetros evolucionistas y posibilistas: «La mujer ha llevado la cuestión a la esfera de los grandes ideales humanos, la justicia y la igualdad, y por estos irá conquistando, un día, otro día, otro, todos sus derechos». Para ella la plena realización de la mujer como ciudadana es una cuestión coherente con la propia evolución de la civilización. No hay ruptura, como pretendía el feminismo más radical, sino progreso. De esta forma, Sensat concilia su apuesta por la lucha de las mujeres con el sentido del orden que postulaba el feminismo moderado y que, a sus ojos, lo hacía más fácilmente aceptable: «"Yo soy antifeminista", me decía hace unos días una señora. "Pues yo soy feminista", le contesté; pero hablando, hablando, nos encontramos perfectamente de acuerdo sobre todos los aspectos de la educación de la mujer».

En la obra de Sensat identificamos innumerables rasgos de las contradicciones y tensiones ideológicas, sociales y políticas que suscitó el debate por la igualdad entre hombres y mujeres. Recordemos que en 1931 se consagró el derecho al voto de las españolas en medio de unas discrepancias notables entre quienes, como Clara Campoamor, defendían el derecho al sufragio femenino y quienes querían aplazar la medida al considerar que las mujeres aún no estaban preparadas para ejercerlo con libertad, como fue el caso de Victoria Kent. La lectura de los discursos de estas dos diputadas progresistas revela la fuerza, pero también las paradojas de la lucha feminista que se extendía al ámbito de la educación. El profesorado comprometido con el principio de igualdad, como la propia Sensat, se esforzó extraordinariamente por ganar el pulso al inmovilismo más conservador, pero muchas de las barreras generadas por la desigual atribución de funciones y valores entre hombres y mujeres se resistían a desaparecer.

Recientemente me invitaron a reseñar una pieza de la exposición virtual *Mujeres y educación: artefactos y sensibilidades*, coordinada por el Museo Pedagógico de la Facultad de Ciencias de la Educación de la Universidad de Sevilla, un espacio de reflexión sobre estas asimetrías a partir de una colección de materiales educativos referenciados con perspectiva de género. Se trata de un juego de paciencia (o juego de solitario) de 1932 que muestra dos conjuntos de imágenes antagónicas: por un lado, las cartas en las que aparecen niñas colocadas de perfil, vestidas de múltiples colores y con una única ocupación: hacer pompas de jabón; por otro, las cartas en las que aparecen los niños de frente, vestidos igual y realizando ejercicios corporales.

El diseño de juegos y juguetes sexuados en virtud de las funciones que en el futuro se les atribuyera a hombres y mujeres fue –aún lo es– una constante a pesar de los avances feministas. La imagen de las niñas en este juego evoca esos «mundos sutiles, ingrávidos y gentiles como pompas de jabón» que tanto enamoraban a Antonio Machado y que se asociaban al universo femenino. Un imaginario que envolvía a las que Rosa Sensat llamaba «mujeres de tocador y paseo» (bellas, inconsistentes y destinadas a la irrelevancia) y que ella estaba dispuesta a liberar a través de la educación.

Pero otra cosa que sabía Sensat es la capacidad de las criaturas de desbordar límites imaginarios. En este sentido, cuando echamos la vista atrás, más que a qué jugaban las niñas y los niños de principios de siglo xx y con qué, podríamos preguntarnos cómo lo hacían: ¿Qué imaginaban mientras utilizaban esos juegos? ¿Qué deseaban ser? ¿A qué no querían renunciar por obedecer a un rol de género? La memoria oral, los diarios y otros documentos personales que no solo permitan revivir los contextos, sino también las subjetividades son muy reveladores. Poder escuchar a los destinatarios de esos juegos permitiría romper las fronteras encorsetadas de la representación, visualizar lo que las criaturas construían en los márgenes desde otros lenguajes. Atender a esa lógica que nos hace humanos y nos permite ser –o no ser– más allá de nuestras circunstancias, nuestra mente o nuestro cuerpo. La lógica que une razón y entrañas, integra contrarios y asume paradojas. La que, en definitiva, acaba siendo el sustrato que nutre cualquier lucha por la igualdad.

La vida cotidiana, los principios en las ciencias

Es en los 1000 pequeños hechos de la vida cotidiana dentro del hogar donde se hace una más constante aplicación de los principios contenidos en las ciencias.

En su primer discurso tras ganar las elecciones chilenas en 2006, Michelle Bachelet prometía un nuevo estilo en la política: «Diré lo que pienso y haré lo que digo. ¡Palabra de mujer!». Suelo problematizar estas palabras en clase: ¿Existe un estilo femenino de hacer política, de enseñar o de generar pensamiento pedagógico? Me interesa conocer sobre todo la opinión de la minoría de hombres que han decidido estudiar Magisterio. Algunos de ellos sí ven cierta diferencia: «Ellas escriben menos y hacen más». Cuestionar cosas como esta siempre es un buen arranque para relativizar simplificaciones y recuperar la memoria de las maestras y pedagogas invisibles por la persistencia de un canon academicista y profundamente androcéntrico.

Uno de los aprendizajes que más me atravesaron cuando redactaba mi tesis doctoral fue comprender cómo el acceso diferencial de las mujeres a la palabra, al discurso y, en suma, al poder había configurado una manera de crear conocimiento en las fracturas y en los márgenes del propio sistema patriarcal. La carta que sor Juana Inés de la Cruz envió en 1691 a un obispo que, oculto bajo un seudónimo femenino, le había escrito para recordarle sus funciones femeninas y afearle lo que él consideraba una antinatural inclinación a la escritura y la ciencia es buena muestra de ello:

Pues ¿qué os pudiera contar, señora, de los secretos naturales que he descubierto estando guisando? Ver que un huevo se une y se fríe en la manteca o aceite y, por contrario, se despedaza en el almíbar; ver que para que el azúcar se conserve fluido basta echarle una muy mínima parte de agua en que haya estado membrillo u otra fruta agria; ver que la yema y clara de un mismo huevo son tan contrarias, que en los unos, que sirven para el azúcar, sirve cada una de por sí y juntas no [...]. Y yo suelo decir viendo estas cosillas: si Aristóteles hubiera guisado, mucho más hubiera escrito.

Más de doscientos años después de estas palabras de la pensadora mexicana, Rosa Sensat se dirigía a un auditorio mayoritariamente masculino para defender la necesidad de que las mujeres adquirieran formación científica para mejorar las tareas domésticas que les eran encomendadas. Debían saber para hacer, pero también para acceder a esa cultura general –y, por tanto asexuada– necesaria para el progreso de la humanidad:

La mujer ha de saber física, ha de saber química porque los conocimientos fundamentales de estas ciencias han entrado de lleno en el cuadro de la cultura general y sirven de base a la higiene que ha de ser el conocimiento propio de la mujer. La mujer ha de saber por qué para hacer un buen caldo concentrado sin aprovechar la carne es necesario ponerla con agua fría al lado del fuego, por qué para obtener un buen asado hay que actuar de manera contraria y en virtud de qué combinaciones químicas.

Ambas mujeres encontraron la forma de reivindicar su derecho al conocimiento. Sortearon imperativos excluyentes y, aunque vivieron condicionadas por las estructuras y dinámicas de poder de su época, señalaron grietas y abrieron camino para avanzar en la historia del pensamiento, la cultura y la educación. Rosa Sensat fue directora del Instituto de Cultura y Biblioteca Popular de la Mujer, la primera institución femenina de este tipo en toda Europa que formaba a mujeres medias y empobrecidas. Dijo lo que pensaba e hizo lo que decía, y aún hoy es un referente como maestra, divulgadora científica y mujer comprometida con la igualdad. De ahí que el nombre Associació Rosa Sensat no sea una mera marca, sino la rúbrica de una filosofía y práctica educativa que honra la memoria de aquella mujer de palabra.

Bibliografía

Rosa Sensat (1916). Verdadero concepto de los deberes sociales de la mujer y estudio sobre la educación que debiera dársele para cumplir con su misión de esposa y madre. En: *Educación femenina. Cursillo de conferencias* (pp. 99-124). Parera.

——— (1932). Nuestras clases de párvulos *Revista de Pedagogía*, 128, 285-295.

——— (1996). *Vers l'escola nova (Textos pedagògics)*. Eumo.

2. Pensamiento

María Zambrano (1904-1991)

El pensamiento filosófico, atrevernos a sentir

El pensamiento filosófico nos permite atrevernos a sentir lo que de todas maneras sentiríamos más sin atrevernos, y, entonces, quedaría como casi siempre quedan nuestros sentires, a medio nacer.

Hija de maestros, María Zambrano formó parte de las Misiones Pedagógicas de la Segunda República y dio clases en la universidad. Su obra, atravesada por su preocupación constante por la educación, la entiende como una búsqueda de libertad personal y una apuesta por la convivencia. Según ella misma expresa, la tarea de la enseñanza responde esencialmente a un imperativo ético y cívico, y la mediación que se ejerce desde la docencia debe estar anclada en la esencia misma del pensamiento filosófico. Este no repercute en la práctica del profesorado como una mera función, sino como una dimensión de su tarea, porque enseñar no es divulgar un conocimiento prefabricado; es formar parte activa de un proceso de crecimiento personal y creación intelectual, que es precisamente la base de una enseñanza-aprendizaje crítica y transformadora. Independientemente de cómo se manifieste este pensar –una práctica en el aula, un proyecto de investigación, una reunión con las familias, etc.–, ese atrevimiento a sentir en diálogo con los otros y en contraste con la realidad queda asociado inextricablemente a la mirada docente.

No es un análisis técnico el que se propone Zambrano, sino un pensar que no separa la experiencia de la vida del pensamiento, una reflexión capaz de mirar desde una razón vital, pero también poética. En este último aspecto radica la singularidad de nuestra autora, un matiz que marca la distancia con quien fue su maestro, José Ortega y Gasset. Mientras el filósofo teoriza sobre la razón vital en la que no existe un «yo» separado del mundo real, sino el quehacer del «yo» con las cosas, es decir, la vida, Zambrano añade a la teoría la razón poética, aquella que advierte que el conocimiento no deriva únicamente de la relación con las cosas, sino también de aquello que es real pero inefable. Es un pensamiento que se encarga de «descifrar lo que se siente», es decir, de todo lo que el lenguaje no puede captar ni encerrar en un concepto. Cuando Ortega rechaza esta idea, Zambrano traza su propio camino filosófico porque está convencida de que prescindir de lo que atraviesa el corazón humano es privar al pensamiento de todo cuanto en verdad necesitamos para ser. Pensar, por el contrario, es unir razón y entrañas integrando contrarios y asumiendo paradojas, ya que «el pensamiento no sucede a solas en la mente de quien lo acoge. A no ser que lo acoja sin que lo necesite» (Zambrano, 1989, p. 15). El pensamiento necesita expresarse con múltiples lenguajes porque hay partes inefables que lo constituyen y lo conectan con un sentido que va más allá de la palabra. Así pues, un pensamiento vital es condición para que cualquier proceso de enseñanza-aprendizaje sea consciente, pero si se pretende que sea totalmente humano, deberá incorporar inexcusablemente la razón poética a la reflexión.

Zambrano exige que la escuela atienda a este requerimiento. Debe dejar de ser una institución transmisora y autoritaria para convertirse en un espacio de encuentro, abierto al mundo, centrado en el desarrollo integral de la persona y capaz de acoger los múltiples lenguajes del pensamiento. Hoy esta exigencia está plenamente reconocida en el ámbito de la educación formal, y la propia Unesco subraya la necesidad de generar conocimiento pedagógico para dar sentido al mundo y participar en la sociedad desde el mestizaje de saberes y lenguajes; entre ellos, los propios de la creación artística.

En los proyectos de investigación-acción participativa llevados a cabo en diferentes centros educativos he experimentado esta necesidad de buscar nuevas formas de comunicación, nuevos códigos para sustanciar de forma efectiva la participación de toda la comunidad. En no pocas ocasiones, las resistencias del alumnado o de las familias a participar en alguna propuesta comunitaria incentivada por el profesorado se vencen cuando encontramos lenguajes comunes a través de la expresión artística. La música, la expresión corporal o plástica, la poesía son códigos que activan el reconocimiento desde otro lugar. Aquel que no nos define desde la función institucional como estudiantes, familias o docentes, sino que abre nuestro sentido a una experiencia plenamente humana y compartida. Desde el punto de vista de una pedagogía crítica para la transformación no parece mala idea incorporar este tipo de reflexión vital y poética para crear vínculos y emprender acciones capaces de enfrentarse a los problemas sociales y culturales del mundo contemporáneo.

Tener ante quién preguntarse

*No tener maestro es no tener a quién preguntar y más
hondamente todavía no tener ante quién preguntarse.*

El humanismo que defendía con tanta vehemencia María Zambrano siempre tiene presente el papel del magisterio. Escribió en 1965 que la vocación docente es la más próxima a la del «autor de una vida», porque es la que permite que los estudiantes despierten a la realidad, «salgan de sí mismos y vayan siendo verdaderamente humanos». Es una labor que responde al deseo de guiar al alumnado a encontrar su propio lugar, de tal manera que esa realidad «no sumerja su ser, el que le es propio, ni lo oprima ni se derrumbe sobre él». Una tarea que se produce «en carne»; esto es, de forma personal y directa. De todas las etapas de la enseñanza, la universitaria es seguramente la que menos responde a esta demanda y en la que la docencia suele adquirir un tono más impersonal. Sin embargo, doy fe de que esta presencia «en carne» puede abrir muchas puertas para que la relación educativa entre profesorado y estudiantes sea mucho más efectiva.

Hace tiempo, una alumna del máster de Formación del Profesorado de Secundaria solicitó revisar la calificación de un ejercicio sobre la función docente porque la consideraba baja, según sus expectativas. Su argumentación teórica era sólida en cuanto a contraste bibliográfico y estaba bien redactada —fue calificada con un notable—, pero el trabajo carecía de uno de los elementos que se demandaban en el enunciado: una reflexión personal sobre su propio hacer y sentir como alumna y futura profesora. En la entrevista que mantuvimos le expliqué que había procesado muy bien la información de otros autores y autoras, pero no había huellas de sí misma, de su experiencia vital, aspectos que, como habíamos visto en clase, condicionan la manera de ser docente. Ella estaba muy nerviosa, insistía en que no sabía cómo contestar y le angustiaba no haber obtenido una mejor puntuación. Le pregunté sobre el porqué de su angustia y fue como abrir una caja de Pandora repleta de presiones familiares, académicas y laborales. Tenía bloqueada la percepción de su propio deseo –no sabía si quería ser profesora– y su experiencia como «alumna de sobresaliente» le producía mucho malestar. Ante el vértigo de mi pregunta, la tensión acumulada se desbordó, irrumpió en llanto y luego compartimos silencios. Le pedí que comenzara por escribir sobre lo que acababa de contar, lo que sentía y lo que no podía expresar, porque quizá ahí encontraría alguna clave para empezar a reflexionar de verdad sobre su ser docente.

No es la única situación de este estilo en la que me he encontrado. Entre el alumnado observo cada vez más angustias parecidas. A menudo decimos a quienes se están formando como docentes que deben ser prácticos, reflexivos, que han de observarse y analizar su acción educativa. Sin embargo, ¿cuánto de personal –de entrañas, diría Zambrano– pedimos que haya en esa autorreflexión?, ¿cuánto tiempo dedicamos, el profesorado universitario, para entrañar la propia relación educativa? En realidad, no pocas veces ocurre que la inercia o la rutina acaban taponando ese instante decisivo de la reflexión personal. Ese pensar que María Zambrano describe como atrevimiento: atreverse a sentir, a convertir el acto del pensamiento en un proceso vital sin el cual lo estudiado, lo producido intelectualmente, siempre queda «a medio nacer».

El discurso grandilocuente de los retos universitarios para el futuro está demasiado centrado en abstracciones y tecnicismos, y silencia las posibilidades de una enseñanza abierta a la relación. Una enseñanza que debería nacer completa, esto es, con las huellas de los sujetos implicados en ellas, desde la duda inicial que genera cualquier pregunta sobre la vocación hasta los vértigos sucesivos por los que atraviesa cualquier docente. En mi trayectoria de profesora he visto cómo se ha ido abriendo paso esa necesidad de ser completa, de pensarme como maestra, pero también de reconocer el magisterio que en mí siguen ejerciendo otras personas, porque, como dice Zambrano, «sin preguntas y sin maestro estamos perdidos, porque preguntar es la expresión misma de la libertad».

La pregunta es para Zambrano el inicio de un viaje hacia el conocimiento entendido no como meta, sino como camino que se va construyendo a medida en que se avanza. Esta idea del saber como trayecto convierte lo deseado en posibilidad y en un conocer siempre contextualizado y dinámico. Mientras que en el viaje hacia el objeto de conocimiento como meta el final del trayecto cierra su sentido en las conclusiones, en la andadura de un razonamiento activo no hay puerto definitivo. No es lo que se sabe lo que importa, sino lo que se va sabiendo, de modo que toda conclusión es un nuevo punto de partida.

En definitiva, aprender puede entenderse o como una búsqueda de algo que se adquiere una vez cubiertas unas etapas o como un anhelo continuo de seguir buscando. Obviamente, la reflexión y la acción teoricopráctica sobre cualquier objeto de análisis y de aprendizaje serán muy diferentes si se contemplan desde uno u otro marco de referencia. Por eso, siguiendo a Zambrano, para cualquier docente resulta más que pertinente no solo mostrar a dónde se dirige, sino cuál es su equipaje y cuál es el significado que otorga a la travesía.

Pensar, barrer la casa por dentro

Si el pensar no barre la casa por dentro, no es pensar.

En las clases sobre diseño de proyectos de investigación que impartía en la universidad utilizaba el siguiente relato, un texto que compartía con mi alumnado para propiciar la discusión sobre el conocimiento científico:

Un día, un becerro tuvo que atravesar un bosque virgen para volver a su pastura. Como era un animal irracional, abrió un sendero tortuoso, lleno de curvas, subiendo y bajando colinas.

Al día siguiente, un perro que pasaba por allí usó ese mismo sendero para atravesar el bosque. Después fue el turno de un carnero, jefe de un rebaño, que viendo el espacio ya abierto hizo a sus compañeros seguir por allí. Más tarde, los hombres comenzaron a usar ese sendero: entraban y salían, giraban a la derecha y a la izquierda, descendían, se desviaban de obstáculos, quejándose y maldiciendo, con toda razón. Pero no hacían nada para crear una nueva alternativa.

Después de tanto uso, el sendero acabó convertido en un amplio camino donde los pobres animales se cansaban bajo pesadas cargas, obligados a recorrer en tres horas una distancia que podría haber sido vencida en treinta minutos si no hubieran seguido la vía abierta por el becerro.

Pasaron muchos años y el camino se convirtió en la calle principal de un poblado y, finalmente, en la avenida principal de una ciudad. Todos se quejaban del tránsito, porque el trayecto era el peor posible. Mientras tanto, el viejo y sabio bosque se reía, al ver que los hombres tienen la tendencia a seguir como ciegos el camino que ya está abierto, sin preguntarse nunca si esa es la mejor elección.

JAIME LOPERA y MARTA INÉS BERNAL (comps.) (2007).
*La culpa es de la vaca. Anécdotas, parábolas, fábulas
y reflexiones sobre el liderazgo* (p. 57). Intermedio.

Les decía a mis estudiantes que el texto se refiere a la ciencia, y, una vez leído, les invitaba a continuar el cuento. Tras leer las diferentes historias que planteaban, iniciábamos un debate sobre las preguntas que han movido el conocimiento a lo largo de la historia: qué puedo saber; cómo, por qué y para qué saberlo. Se trata de una actividad que resulta muy útil para reflexionar sobre la teoría y la experiencia, sobre todo porque llama la atención del alumnado y lo descoloca. María Zambrano –que define la atención como «la misma conciencia cuando se despierta»– describe este despertar como un acto de inhibición donde paradójicamente el sujeto lleno de prejuicios hace «una especie de limpieza de mente y de ánimo» para poder captar la realidad que se le presenta: «Ha de vérselas con la imaginación. Con la imaginación y con el saber. Ha de llevar la atención al sujeto al límite de la ignorancia, por no decir de la inocencia». Y todo ello para que el propio sujeto acceda a la búsqueda de lo que, según ella, es lo más sustancial en su estructura como ser humano: «la necesidad de argumento, que envuelve la finalidad».

Confieso que no he conseguido que un ensayo teórico implique tanto a mis estudiantes en una discusión sobre la ciencia, seguramente porque ninguno les interpela ni les sorprende tanto. Sin embargo, aquí les propongo que continúen el relato, que busquen su propio argumento, que, a su vez, será contestado y reconstruido por las aportaciones surgidas en el aula. Huelga decir que las versiones del cuento son de lo más variopintas, desde la que finaliza como un sueño porque «nada se puede saber en realidad» y todo camino «es una ilusión», hasta la que acaba con el ser humano encontrando un camino mejor que pasa por convertir al viejo y sabio bosque en «mobiliario desmontable» en unos grandes almacenes. Cualquiera es válida, incluso las que no se materializan por falta de tiempo o de inspiración, porque todas permiten abrir caminos que sitúan a cada cual, tanto en sus respuestas condicionadas por sus ideas acumuladas sobre la teoría y la ciencia como en la vivencia de experimentar las preguntas que van a impulsar el trayecto de investigación. Todo el mundo se desubica del lugar marcado por sus expectativas para encontrar un nuevo espacio en ese juego de respuestas en busca de preguntas.

Siguiendo a María Zambrano, difícilmente se puede optar en la enseñanza por la aceptación del paradigma tradicional del método científico, pretendidamente neutral, objetivo, desprovisto de la racionalidad emocional e impermeable a otros modos de conocer. Yo misma fui instruida desde ese paradigma en la universidad. Pero con la apertura de la mirada hacia la razón poética y la necesidad de un conocimiento situado, hace tiempo que me sitúo entre quienes emprenden la investigación y la docencia como un continuo aprendizaje para la reflexión y la acción. Por supuesto, sin renunciar a la sorpresa y desde la responsabilidad de asumir una propuesta docente que necesariamente es flexible, ambiciosa y marcada por la necesidad de una formación dialógica, crítica y comprometida.

En la versión que hago mía del cuento anterior, el pensamiento científico —o filosófico, poético o político— no es el camino ya trazado, ni la irracionalidad del becerro que lo inaugura ni la sabiduría del bosque ni la terquedad de quienes siguen las huellas sin cuestionarse nada. Porque el pensamiento humano es el entramado de todo eso, la memoria de las acciones, la lucidez desde la distancia, la mezcla de intuición, sentimientos y lógica, y la posibilidad de cambio. Es la historia y quien la narra, y lo que ocurre en la escucha y el diálogo posterior. Son, al fin y al cabo, saberes enredados y construidos comunitariamente que constituyen un espacio desde el que articular respuestas para la vida y preguntas para seguir soñando.

Porque no se trata de rechazar el método científico, sino de humanizarlo incorporando paradojas y propuestas. La ciencia, que no es una narrativa perfecta ni un mapa exento de trampas y peligros, nos exige asumir una responsabilidad que nos libere de los peligros de la ceguera y el fanatismo. Es cierto que el imaginario dominante sobre la investigación académica no se nutre precisamente de consideraciones sobre procesos e interacciones, sino de relatos sobre resultados. Es tal la obsesión por medir, cuantificar y destacar proyectos que hagan escalar puestos a nuestras instituciones en determinadas clasificaciones, que los estudios universitarios –también los que ponen el foco en la educación– corren el riesgo de convertirse en un ejercicio de coleccionistas, en vez de constituir una dinámica flexible y dialéctica de creación de conocimiento.

En una sociedad como la nuestra, compleja y llena de presiones económicas, tienen muy poca repercusión los debates sobre la propia naturaleza de la investigación en el terreno de la educación superior. Al menos respecto a las áreas de Humanidades y Ciencias Sociales, la calidad se confunde muy a menudo con la utilidad de los productos de investigación, y no con la necesidad de articular redes transdisciplinares de análisis de la realidad. Lo excelente se limita entonces a lo rentable, y es sabido que este concepto admite poco margen al error, la incertidumbre, la crítica y la imaginación.

Sin embargo, y aun admitiendo dificultades y limitaciones, la faceta investigadora contiene elementos que pueden anclar la producción universitaria en un tipo de racionalidad que no sea la meramente instrumental. La relación con lo vital, lo intuitivo y lo racional constituye un sustrato básico para la creación intelectual, sin la cual los proyectos de investigación se desvirtúan. Se trata, por tanto, de asumir los riesgos de un saber complejo con el apoyo de una racionalidad tan crítica y comprometida como sentida y creadora. Siempre consciente, eso sí, de que es un proceso que requiere una constante y clarificadora autorreflexión personal.

Bibliografía

María Zambrano (1964a). La atención. En: Casado, Á. y Sánchez-Gey, J. (eds.). *Filosofía y educación*. Ágora, 2007.

——— (1964b). Esencia y forma de la atención. En: Casado, Á. y Sánchez-Gey, J. (eds.). *Filosofía y educación*. Ágora, 2007.

——— (1965). La vocación de maestro. En: Casado, Á. y Sánchez-Gey, J. (eds.). *Filosofía y educación*. Ágora, 2007.

——— (1973). El hombre y lo divino. En: María Zambrano. *Obras completas III*. Galaxia Gutenberg, 2011.

——— (1989a). *Delirio y destino*. Mondadori.

——— (1989b). *Notas de un método*. Mondadori.

3. Cultura

Loris Malaguzzi (1920-1993)

Un tercio con la certeza, dos tercios con la incertidumbre

> *Lo que sabemos es vivir con los niños y trabajar un tercio con la certeza y dos tercios con la incertidumbre y lo nuevo.*

Es difícil imaginar a Loris Malaguzzi sin vocación por la enseñanza. Cuesta creer que el impulsor de las escuelas municipales de Reggio Emilia, hoy convertidas en ejemplo para la educación pública, democrática y transformadora, fuera en algún momento indiferente al magisterio. Pero así fue, exactamente como tal vez lo es ahora para gran parte de quienes deciden cursar los grados de Maestro o Maestra en Infantil o Primaria, o el máster de Profesorado de Secundaria. La de Malaguzzi, concretamente, fue una decisión proyectada. «Que yo me convirtiera en maestro de Primaria ya estaba escrito en la cabeza de mi padre [...]. La elección no respondía a ninguna vocación real ni presunta. Simplemente indicaba la carrera más rápida para ganar un sueldo con el que mantenerse en la universidad». ¿Cuántos estudiantes suscribirían hoy mismo esas palabras? ¿Cuántas personas inician sus estudios de Educación bajo la sombra de sus familias, sin propósito personal definido o con una orientación profesional centrada en la remuneración económica o las perspectivas laborales?

Hay quien piensa que la falta de vocación inicial provoca una disminución del compromiso con el magisterio, y con ello la decadencia de la profesión. Yo no lo creo. La vocación se asocia con un deseo o inclinación subjetiva, el compromiso con una voluntad de cumplir con la palabra dada. He conocido alumnado extremadamente vocacional que acaba desvinculado de la profesión y otro más bien desubicado e indeciso que acaba asumiendo su trabajo como una verdadera misión. Al igual que Loris Malaguzzi, son estudiantes que desconfían de una formación universitaria de la que esperan bien poco. Es al entrar en contacto con niños y niñas, al descubrir el sentido relacional de la pedagogía y su poder de transformación cultural y social, cuando llegan a cambiar la mirada y asumen la responsabilidad que implica la docencia.

Para el maestro italiano, lo que marcó su camino fue esa conexión inicial, esa conciencia de que su conocimiento pedagógico se iría gestando a partir de ahí, y que crecería junto con el saber de las criaturas: «Ni ellos ni yo sabíamos nada [...], nos inventamos todo tipo de cosas», dirá al recordar su primera experiencia en una escuela. Malaguzzi practicó una escucha activa y libre de prejuicios adultocéntricos, atendió a las formas que tienen los más pequeños de dar sentido al mundo y descubrió la riqueza y diversidad de sus ideas, perspectivas y sentimientos. A todo ello lo llamó «cultura de la infancia», una expresión que excedía la estrecha concepción de la niñez edulcorada y dependiente creada por las personas adultas. Los niños y las niñas eran mucho más que seres a los que hay que cuidar y proteger; para él eran sujetos inteligentes y creativos capaces de desplegar todo su potencial en cada uno de los encuentros que suceden en la escuela.

Pero si para Malaguzzi este encuentro fue posterior a su preparación como maestro, quienes se preparan como educadores y educadoras pueden experimentarlo desde el principio de su carrera. A través de las prácticas curriculares están en disposición de abordar ese saber que solo a ellos y ellas les pertenece: la conciencia de estar entre los otros: niños y niñas, pero también docentes, familias, equipos de comedor, conserjes, personal de limpieza…, y la oportunidad de aprender a ser con ellos. Como tutora de prácticum he comprobado el extraordinario efecto que en este sentido provocan las escuelas inspiradas en el modelo de Reggio Emilia. La importancia de «saber estar con los niños» se convierte en el epicentro de la acción educativa: ser consciente de su presencia y hacerse presente para ellos y ellas. La reflexión teórica no solo precede a la relación pedagógica, sino que la acompaña en todo su proceso. Se trata de una reflexión sistemática y propositiva realizada entre todos los agentes de la escuela sobre las propias acciones educativas. Con ello, nuestro alumnado no solo aprende a ejercer una práctica reflexiva contrastando lo aprendido en la universidad, sino a construir y a compartir pensamiento pedagógico de forma colaborativa.

Malaguzzi rechazaba las grandes teorías dogmáticas y alejadas de la realidad –ese olimpo pedagógico que denunciaba Anton Makárenko– y despreciaba muy especialmente lo que llamaba pedagogía profética, aquella que «sabe todo lo que va ocurrir, no alberga ninguna incertidumbre, es absolutamente imperturbable», la que mide, predice y sentencia; la que «es capaz de darnos recetas para los pequeños fragmentos de acción, minuto a minuto, hora por hora, objetivo por objetivo cada cinco minutos». Eso es precisamente lo que ofrecen algunas corrientes teóricas a las escuelas: diagnóstico y recetas. Tachan de ocurrencia cualquier atisbo de crítica y desprecian todo cuanto se aleja de su estrecho marco de evidencias científicas. No conozco ninguna escuela inspirada en Reggio Emilia que acepte estas premisas, quizá porque suscriban las palabras del propio Malaguzzi: «Esto es algo tan tosco, tan cobarde, tan humillante para el ingenio de los maestros, una completa humillación para el ingenio y el potencial de los niños».

Es una verdadera suerte hacer prácticas en centros educativos conscientes de su potencial creador como comunidades de práctica pedagógica. Con ellos es fácil tender puentes sólidos y mucho más transitables entre universidad y escuela. El profesorado de ambos espacios comparte y recrea la teoría y la investigación educativas mientras que el alumnado universitario no se ve como un proyecto de docente a futuro y de perfil prefabricado, sino que puede empezar a sentirse como un auténtico maestro o maestra en formación.

La pedagogía y otras fuerzas colaterales

La pedagogía necesita, probablemente, otras fuerzas colaterales.

Loris Malaguzzi revitalizó la educación infantil al inscribirla en el amplio engranaje de producción cultural y social del que debía participar la escuela. La perspectiva del maestro italiano era amplia y holística; en realidad, la educación era uno de los múltiples

48

espacios por los que transitaba. Cuando le preguntaban por su carácter abierto y ecléctico decía: «Es necesario recorrer más de un canal contemporáneamente». Además del de la pedagogía, él navegaba por los canales del deporte y el teatro, la psicología y el periodismo, la poesía y la política. Según cuentan quienes le conocieron, desde siempre sentía una auténtica vocación por escribir y participar en las reflexiones políticas, sociales y culturales de su época. En realidad, todo para él estaba interconectado con la educación, porque aseguraba que la pedagogía «tiene necesidad de otras fuerzas colaterales» y porque siempre ponía en diálogo las decisiones políticas con las pedagógicas. La interdisciplinariedad de su pensamiento, su capacidad dialéctica y el pragmatismo con el que negociaba para avanzar de forma cooperativa le sirvieron para dar pasos decisivos en la construcción de una filosofía educativa dinámica y relacional, vinculada a su contexto y con una clara finalidad transformadora.

Atravesado por su experiencia durante la II Guerra Mundial y la reconstrucción de la Italia de posguerra en la que participó como militante del Partido Comunista, todo en Malaguzzi rezuma compromiso, creación y firmeza. Resulta revelador conocer el impacto que le produjo la visita a Cella, una fracción del Ayuntamiento de Reggio Emilia, cuyos habitantes decidieron construir ellos mismos la escuela cinco días después del fin de la contienda: «[Yo] era un maestro de Primaria, con cinco años de enseñanza y tres años de universidad: era quizá la profesión la que me estaba bloqueando. Mis pobres esquemas se tambaleaban por completo: que construir una escuela se le pudiera ocurrir a la gente del pueblo, mujeres, peones, obreros, campesinos era en sí un hecho traumático, y que luego esa misma gente sin dinero, sin estudios técnicos y autorización ni consejos de directores, inspectores escolares ni jefes de partida, trabajasen con esfuerzo colocando ladrillo a ladrillo para construir un edificio era la segunda paradoja».

Lo que Malaguzzi tildaba de trauma y paradoja fue precisamente lo que le sirvió para derrumbar prejuicios y transitar desde una concepción de la institución escolar gubernamental rígida, centralizada y ajena a la realidad local, a una concepción de escuela pública vinculada a su territorio y sostenida por la voluntad de participación y gestión social de la ciudadanía. Malaguzzi recuerda que cuando llegó a Cella y se presentó como maestro aquellas personas que levantaban la escuela con sus manos le dijeron: «Si es cierto, ven a enseñarnos». Así que tuvo que demostrarles –y demostrarse– que efectivamente era maestro, compartiendo sus brazos y sus conocimientos para construir la escuela que querían.

Este es un punto importante. Una placa instalada en la escuela de Cella recoge un testimonio de 1945: «Hombres y mujeres juntos hemos construido los muros de esta escuela porque la queríamos nueva y diferente para nuestros hijos». No se trataba de replicar lo perdido, ni física ni simbólicamente –la escuela del régimen de Mussolini, dogmática, gubernamental y excluyente–, sino de crear algo distinto. El eco de aquellas palabras resuena en las iniciativas comunitarias actuales que tienen como objetivo la construcción de escuelas alternativas o la recuperación de otras situadas en municipios de zonas rurales afectados por el fenómeno de la despoblación.

Almedíjar, un pueblo de menos de 300 habitantes del interior de Castellón, ha vivido recientemente la reapertura de su escuela gracias a la iniciativa ciudadana. En 2019, desde la asociación Almedíjar-Vive, vecinos y vecinas decidieron que uno de los ejes fundamentales para revertir la despoblación era precisamente abrir una escuela con una oferta educativa pública, innovadora y de calidad. La escuela dejaba de ser entonces un espacio secundario con una función asistencial para convertirse en un motor de dinamización sociocomunitaria. Uno de los promotores de la iniciativa recordaba en una charla al alumnado de Magisterio que era la primera vez que conocía un municipio donde existiera una asociación de padres y madres antes que la propia escuela. Y es que, en línea con el planteamiento de Malaguzzi, este centro emerge de lo social y da vida a una autoeducación colectiva para la mejora tanto de la escuela como de su entorno.

Para Malaguzzi, la institución escolar debía ser una organización fiel a los derechos de la infancia, los de los trabajadores y trabajadoras y los de las familias; una organización autogestionada, capaz de generar un sentido de pertenencia comunitario que iba más allá de los intereses de cada uno de los colectivos. Resulta significativa la firmeza con la que este maestro reprochaba a los sindicatos su corporativismo cuando, por ejemplo, apoyaban la reducción del horario escolar en detrimento de los derechos de las familias trabajadoras. O la vehemencia que empleaba para defender que las familias debían comprometerse con la gestión de la escuela. La interacción de intereses que se realizaba por el bien de las criaturas se convertía así en el epicentro de una cultura democrática en continuo desarrollo: «Todo esto se realiza más y mejor cuando la escuela une sus propias decisiones y valores a una creciente participación y presencia de las familias y de las nuevas generaciones en el juego incesante de la construcción de la sociedad». Por eso no es cualquier escuela la que se pretende construir, sino una escuela alejada del asistencialismo y la mediocridad, que se vincule con su territorio, que sea verdaderamente democrática y que consiga ser culturalmente relevante.

La infancia, testigo de sí misma

> *El punto importante es no prohibir en lo más absoluto*
> *que la infancia sea testigo de sí misma.*

A Loris Malaguzzi le gustaba jugar con el lenguaje, crear metáforas que abordaran múltiples sentidos y provocaran respuestas. Célebre es el poema sobre los cien lenguajes de la infancia, con el que denunciaba la castración que la escuela ejerce sobre la expresión libre de niños y niñas: «Tienen 100 y les robamos 99». Identificó cinco áreas principales en las que se desplegaban estas múltiples formas de expresión: el lenguaje del cuerpo, el de los símbolos, el teatro, la música y la palabra; unas áreas interconectadas que daban sentido a su concepción holística del ser humano. Con el fin de desarrollar todos estos lenguajes secuestrados, Malaguzzi incorporó el atelier como un espacio dentro de las escuelas en el que profesionales con formación pedagógica y artística podían conocerlos y fomentarlos.

Las historias y acciones de las escuelas de Reggio Emilia aúnan ética y estética. Malaguzzi anima a maestros y maestras a usar imaginativamente el lenguaje, a documentar y narrar creativamente los propios procesos educativos para contar qué ocurre en la escuela y hacer así que, a su vez, todo ello cuente. En sus discursos, él mismo aplicaba este planteamiento y a menudo recurría a asociaciones y recreaciones imaginativas con las que explicar, seducir o provocar respuestas pedagógicas. En una de esas conferencias reformuló un pasaje de *Alicia en el País de las Maravillas*, de Lewis Carroll, en el que la protagonista intenta responder a la pregunta que le formula una oruga: «¿Quién eres tú?». En la versión del pedagogo italiano, Alicia se rebela ante la pregunta de la oruga: «¿Quién soy? Dígamelo usted primero, y luego, si quiero ser esa persona, me levantaré; si no, me quedaré aquí tumbada hasta que sea otra persona, pero, ¡por favor!, desearía que bajaran sus cabezas, ¡estoy tan cansada de estar aquí sola!». La protesta de Alicia servía a Malaguzzi para incidir en la responsabilidad de los adultos en la construcción de las identidades de niños y niñas, pero también en el reconocimiento de las criaturas como sujetos autónomos capaces no solo de responder a expectativas de las personas adultas, sino de formular preguntas.

Cuando trato de explicar el cambio de coordenadas sobre las que las personas más jóvenes construyen su identidad, yo también me apoyo en este pasaje, pero en su versión original. La protagonista no sabe qué decirle a la oruga cuando le pregunta quién es: «Me temo señora, que no puedo explicarme a mí misma […], porque yo ya no soy yo, como podrá ver». La pequeña se siente muy lejos de la Alicia centrada que habitaba un mundo lleno de normas fijas, espacios reconocibles y tiempos reglados. Ahora ya nada responde al modelo marcado, ese que le dicta cómo ha de «explicarse a sí misma» y se enfrenta al vértigo de asumir su propia definición. La inseguridad le acompañará durante todo el relato hasta que finalmente despierte y acabe integrada en el universo pautado por los mayores.

A los adolescentes actuales tal vez les ocurre algo parecido, solo que ahora les resulta imposible retornar a un lugar seguro. Están tan perdidos como Alicia, aunque su punto de partida, un contexto cultural fluido, contradictorio e inestable, es más próximo al País de las Maravillas. Solo hemos de atender a los actos comunicativos a los que se expone una mayoría de gente joven para percibir la fragilidad de las antiguas certezas. Aunque en esos escenarios y a ritmo vertiginoso, justo es reconocerlo, también podemos distinguir las críticas y reformulaciones de quienes, como la Alicia de Malaguzzi, se atreven a cuestionar la cultura, las relaciones humanas y su propia autoconciencia. En cualquier caso, ni siquiera en el País de las Maravillas se anula la norma, la jerarquía y la distribución desigual de funciones, capacidades y alternativas.

Tanto en el mundo «real» como en el imaginario, Alicia está atravesada por unos condicionamientos de género, edad, etnia y clase determinados que la «explican» en los dos mundos prácticamente de la misma forma, según patrones de la Inglaterra victoriana. ¿Cuáles son hoy esos patrones? Los niños y jóvenes de hoy son más libres para formular respuestas sobre sus cuerpos y sus mentes; sin embargo, siguen teniendo escaso poder para formular las preguntas. ¿Les sirven las nuevas formas de comunicación para autodefinirse creativamente o solo para posicionarse en un mundo más acelerado, pero que mantiene inalterables sus ejes de poder?

Creo que Malaguzzi estaría de acuerdo en que la escuela debe asumir también el reto que plantean tales interrogantes, porque no se puede formar a sujetos críticos y comprometidos con unos valores colectivos sin entender el alcance de sus nuevas formas de comunicación y reconocimiento, y sin localizar los ejes del poder que anclan sus identidades. El profesorado debe atender a los cien lenguajes de la infancia en el actual contexto cultural, aprovechar su potencialidad y, junto a niñas y niños, recordar a la ciudadanía que no todas las preguntas están hechas y predeterminadas.

Bibliografía

Loris Malaguzzi (2001). *La educación infantil en Reggio Emilia*. Octaedro/Rosa Sensat.

Paola Cagliari *et al*. (eds.) (2018). *Loris Malaguzzi y las escuelas de Reggio Emilia*. Morata.

Alfredo Hoyuelos (2020). *Loris Malaguzzi. Una biografía pedagógica*. Morata.

4. Comunicación

Jesús Martín-Barbero
(1937-2021)

La educación, lugar de entrecruce

> *Si comunicar es compartir la significación, participar*
> *es compartir la acción. La educación sería entonces el*
> *decisivo lugar de su entrecruce.*

La mirada de Jesús Martín-Barbero sobre la educación ayuda a comprender la experiencia escolar como una dinámica de creación cultural y la docencia como un proceso de mediación para la creación de significados compartidos. Su manera de entender la cultura y las mediaciones a través de las diferentes formas de comunicación es un puente que me sirvió para transitar desde los estudios de comunicación a la docencia e investigación en materia educativa. Porque Martín-Barbero no es un pedagogo ni un teórico de la educación desde el estricto marco de las disciplinas académicas. Sin embargo, su pensamiento y su posición como docente e investigador de la comunicación se nutren de referencias pedagógicas y han contribuido a cimentar sustancialmente lo que hoy se conoce como educomunicación.

Martín-Barbero ha contribuido tanto a definir la educación como una práctica esencialmente comunicativa que puede ser pensada e intervenida, como a reivindicar la dimensión pedagógica de la comunicación social. Su idea de saberes compartidos es capaz de conectar la experiencia subjetiva con las prácticas comunitarias de reconocimiento y de creación cultural, una cuestión esencial para comprender el hecho educativo. Por saberes compartidos, nuestro autor entiende aquellos conocimientos que se producen y circulan en la vida cotidiana, en los procesos de comunicación, en las prácticas culturales y en los intercambios intersubjetivos.

Tres son, según él, los saberes indispensables que deberían interesar a la escuela: lógico-simbólicos, históricos y estéticos. Los primeros hacen referencia a la multiplicidad de símbolos, de lenguajes y de escrituras; los saberes históricos inciden en la memoria, en construir narrativas plurales que recuperen el pasado del que está hecho el presente; finalmente, los saberes estéticos son los propios de la sensibilidad, lo expresivo, lo corpóreo, lo emocional, polisémico y polifónico. Martín-Barbero los entiende compartidos en el mismo sentido que Antonio Machado los recogiera de labios de un campesino y puso en boca de su alter ego al que llamó Juan de Mairena: «Todo lo que sabemos lo sabemos entre todos». Una preciosa sentencia del conocimiento construido en red que aún puede sostener proyectos y utopías de transformación y mejora educativas. Precisamente la capacidad de Martín-Barbero para superar las barreras entre las ciencias de la comunicación y de la educación es lo que le permite crear la intersección de ambas. Su doctorado en Filosofía en la Universidad de Lovaina culmina en 1972 con una tesis que pone en diálogo a Paul Ricoeur con Paulo Freire: *La palabra y la acción: por una dialéctica de la liberación*. En ella se produce algo insólito en las universidades europeas: confrontar dialógicamente dos autores y dos conceptos, uno de los cuales era por entonces un desconocido pedagogo brasileño. Su director de tesis, el profesor de Filosofía de la Ciencia Jean Ladrière –un «belga-bien-belga», según Martín-Barbero– se abrió al mestizaje de saberes que le proponía su doctorando y aceptó el reto de desubicación que esto le suponía. Ladrière le advirtió que el tribunal parecía considerarla un panfleto que mezclaba referencias filosóficas, ensayos, novelas y hasta poesías latinoamericanas. Toda una provocación en una institución marcadamente eurocéntrica y que, según auguraban los evaluadores, solo cosecharía un aprobado raso. Pero Martín-Barbero defendió la tesis tal y como había decidido escribirla: superando límites epistemológicos y defendiendo la potencialidad del pensamiento integrador y holístico. Seguramente lo hizo con la vehemencia, creatividad y rigor que siempre le caracterizaron, puesto que consiguió algo más que el aprobado. A fin de cuentas, según la propia expresión del tribunal, había que reconocer que se trataba de «un panfleto muy inteligente».

Cuando estudiaba Periodismo pude comprobar cómo afectaba en la comprensión de la realidad el sesgo etnocéntrico que impregnaba muchas de las asignaturas. Al menos hasta los años noventa del siglo xx, la mayoría de las fuentes académicas eran anglosajonas o españolas, y el conocimiento sobre las teorías de comunicación se nutría básicamente del debate entre funcionalistas y críticos en la órbita de influencia de los Estados Unidos y la Europa Occidental. Nos centrábamos en el análisis de la estructura y el poder de los medios de comunicación, en el estudio de su capacidad de influencia y en la discusión sobre el margen de respuesta de la ciudadanía.

Desde estos parámetros, la dimensión educativa de los medios se reducía al reconocimiento del carácter socializador de las industrias culturales y la función social que tenían como agentes secundarios o colaterales en los procesos formativos. Fue más adelante, en los estudios de doctorado, cuando descubrí de la mano de Jesús Martín-Barbero la mirada latinoamericana al mundo de la comunicación. Su obra *De los medios a las mediaciones* no solo me incentivó a abrir el foco respecto al debate teórico y a diversificar fuentes desde otras culturas académicas, sino que me impulsó a realizar un importante desplazamiento intelectual, político y personal que me sigue acompañando en mi hacer docente e investigador.

Desafío, apertura

La educación no es un proceso de domesticación, sino de desafío; no es un acto de contención, sino de apertura.

A la perspectiva filosófica, Martín-Barbero añade su formación en Antropología y Semiótica para abordar el análisis de los fenómenos culturales y enfocar el estudio de la sociedad como un proceso dialógico y activo. El conocimiento para él es un saber situado, encarnado, contextualizado y vital. Juega con la etimología de sabiduría (*sapere*): tener inteligencia, pero también tener sabor. Conocer supone adquirir y procesar información externa, pero también sentir y asimilar la experiencia para interpretar la realidad. Se trata, por tanto, de incorporar al saber científico hegemónico (racional y académico) esos saberes que se expresan desde los otros lenguajes: el poético, el sensorial, el corporal y la experiencia social.

Este saber-sabor da un giro a su análisis de la comunicación social: ya no era tan determinante conocer exclusivamente las estructuras y mecanismos de poder mediáticos. De hecho, ningún estudio de este tipo conseguía explicar por qué unos productos culturales se convertían en fenómenos de masas y otros no, por qué una película que no resistía una mínima crítica fundamentada podía conectar con el goce del público. Su interés, por tanto, se movió desde los medios a las mediaciones para descubrir cómo las subjetividades y sensibilidades construyen significados para indagar aquello que la razón es incapaz de explicar. No estaría de más que nos preguntásemos cuánto saber sabor hay en los contenidos, las metodologías y las prácticas educativas y todo lo que supone incorporar esos otros lenguajes.

La idea de que la educación es un proceso comunicativo de creación de sentido, una práctica cultural que dialoga con el entorno, la sociedad y las múltiples manifestaciones culturales, repercute necesariamente en la concepción de la cultura escolar. Para Jesús Martín-Barbero la cultura no es un fenómeno estático, sino un conjunto de dinámicas, significados y representaciones compartidos en un contexto determinado. En los procesos de investigación-acción participativa de diferentes centros educativos en los que he intervenido he observado que la definición de la escuela tiene una dimensión instrumental –la que justifica su función institucional, su papel dentro de una estructura social– y otra que se abre a las dinámicas de interrelación personal y al contexto de vida de cada centro. El peso de una sobre la otra puede condicionar el desarrollo de la cultura escolar en cada contexto.

Cuando los miembros de una escuela priorizan o se centran en la definición instrumental, por lo general el sentido se cierra en lo académico, mientras que la cultura escolar acaba plegándose sobre sí misma en un juego de legitimación de roles y funciones. Sin embargo, cuando la escuela se define desde las acciones e interacciones de las personas que la habitan, suele producirse una apertura de la academia a la comunidad y entonces la cultura escolar deviene un verdadero proceso de creación de sentido compartido. Por eso, cuando el profesorado de un centro solicita formación para llevar a cabo procesos de democratización (participación de las familias, inclusión efectiva, diálogo intercultural), lo primero que hay que saber es desde dónde se formula esta demanda.

¿Qué entienden estos profesores y profesoras por participación, inclusión y diálogo? Y, sobre todo, ¿están dispuestos a redefinirlo y darle sentido en colaboración con el alumnado, las familias y los demás agentes educativos? Cuando la respuesta es afirmativa, la escuela se siente verdaderamente como un lugar de encuentro, un espacio donde se cruzan diversas trayectorias y se entrelazan saberes. Entonces, la cultura escolar no se manifiesta como un conjunto de signos, normas o discursos aislados, sino como una práctica de sentido compartido, una dinámica vital y mestiza que se transforma constantemente en el día a día de los centros. Esa es al menos mi experiencia.

Obviamente, este no es un proceso lineal ni sencillo. Tal y como advierte el propio Martín-Barbero, la interacción educativa es siempre conflictiva, por cuanto la diversidad de culturas subjetivas motivarán necesariamente problemas de comunicación que solo podrán resolverse desde planteamientos dialógicos de conciliación entre contrarios. Esto sucede tanto dentro del aula como en el claustro, el patio, el comedor, los consejos escolares o las reuniones con las familias. En todos estos espacios se establecen formas de convivencia y de acción colectiva, por lo que son netamente educativos.

Respecto al aula, en ocasiones vemos a docentes quejarse de la brecha existente entre la cultura que hay que transmitir –académica, reglada, curricular– y los lenguajes, saberes y narrativas de su alumnado. El ruido que se produce en la interacción entre estas dos dimensiones crece en la medida en que se presentan como antitéticas. Sin embargo, tal y como insiste Martín-Barbero, lograr la sintonía entre ambos aspectos es fundamental para no aumentar aún más esa fractura entre culturas académicas y populares. La juventud procesa los mensajes y los convierte en discursos entrelazados con los demás a través de los códigos que le son propios, lo cual no es nada fácil en un momento de multiplicidad de signos y formatos expresivos. Dotarse de un idioma común que posibilite el encuentro y la creación junto al alumnado es una vía útil para romper barreras cognitivas y sociales.

Pero abrirse a esta idea de cultura escolar –crítica, comunitaria y dialógica– supone revisar las condiciones en las que se produce la mediación, también fuera del aula, y desarrollar unas competencias comunicativas y una mirada vinculada al entorno. No se trata solo de que la escuela abra sus puertas al territorio, sino que sea consciente de que forma parte de él, que lo transite y lo ocupe, aportando la cultura que ha generado en su propia comunidad.

Poco tiene que ver este planteamiento con el imaginario tecnológico del aula sin muros con el que hace cincuenta años Marshall McLuhan reducía la importancia de la comunicación para la mejora educativa. Según este autor, al extenderse el uso de la tecnología, se conseguiría una educación más accesible, inclusiva y efectiva. La apertura que pregonaba McLuhan no era tanto de la escuela, sino del alumnado, entendido como un conjunto de personas capaces de desarrollar sus potenciales a través de actos de aprendizaje individuales y descontextualizados.

Hoy, sin embargo, comprobamos que a la brecha económica, social y cultural ha venido a sumarse la brecha digital, y los aprendizajes personalizados no garantizan precisamente la cohesión y la justicia social. La tecnología *per se* no genera ni vinculación ni reconocimiento, factores básicos para aprender a ser y a convivir. Aplicando lo aprendido con Jesús Martín-Barbero, podemos decir que sin una revisión de las formas de comunicación con las que configuramos identidades y dotamos de sentido los aprendizajes individuales y colectivos –con y sin TIC–, no hay avances posibles. Sin una apuesta por visibilizar la voz del alumnado, por facilitar espacios de reconocimiento entre las familias y el profesorado, y por crear lenguajes y acciones comunes a través de múltiples mediaciones, la cultura escolar será estéril en accesibilidad, inclusión y eficacia educativas. Las aulas seguirán teniendo muros firmes, aunque sean de cristal.

Una conversación a fondo con los nuevos medios

La escuela debe apostar por una conversación a fondo, una interlocución desde la escritura alfabética con todas las otras formas de escritura que posibilitan los nuevos medios.

De origen español –nació en un pueblo de Ávila–, Jesús Martin-Barbero vivió en Colombia desde 1963. Estudió en Bruselas y París, y trazó una trayectoria constante de ida y vuelta entre Latinoamérica y Europa. Quizá por eso su pensamiento siempre incorpora el extrañamiento como impulso, el desplazamiento como método y el mestizaje como expresión. Utiliza la metáfora de los mapas para referirse a la comunicación y a la cultura: «La comunicación es como un mapa que nos ayuda a orientarnos en un mundo complejo y cambiante. Los medios de comunicación son como los instrumentos que utilizamos para elaborar este mapa. La cultura es como el territorio que representamos en este mapa». Como cualquier representación, estos planos están cargados de significado y poder, por lo que la educación debe ayudar a identificar a quien los crea, qué perspectivas reflejan y cómo repercuten en las percepciones del mundo.

Es una tarea de cartografía dinámica y subjetiva que él explica citando al filósofo Michel Serres:

> Nuestra historia, singular y colectiva, nuestros descubrimientos como nuestros amores, se parecen más a las apuestas azarosas del clima o los sismos que a un viaje organizado provisto de un contrato de seguros [...]. Por esta razón, los mapas meteorológicos, rápidos y lábiles, o los lentos y pacientes que nos muestran las ciencias de la tierra profunda, con sus placas movedizas, líneas de fractura y puntos calientes, interesan hoy al filósofo más que los antiguos mapas de carreteras.

La cartografía que hoy puede ayudar a crear la cultura escolar no debería ceñirse a la representación de fronteras, sino, como advierte nuestro autor, a «construir imágenes de las relaciones, los entrelazamientos, los senderos en fuga y los laberintos». La tecnología multiplica las dimensiones de esta tarea. Es cierto que Martín-Barbero desconfiaba de «esa tendencia al autismo tecnicista» que parece impregnarlo todo, pero no era un tecnófobo. Entiendía que, al hacer estallar las tradicionales narrativas de la enseñanza, al deslocalizar el conocimiento y abrir el campo de la experiencia, las emociones y las percepciones, las mediaciones tecnológicas dan una oportunidad a la educación expandida y a que la escuela adopte una mirada holística e integradora. Los cambios en las formas de circulación del conocimiento producen «un emborronamiento de las fronteras entre razón e imaginación, saber e información, naturaleza y artificio, arte y ciencia, saber experto y experiencia profana». ¿Cómo no va a afectar todo ello a la naturaleza, al proceso y a los espacios donde se elaboran los aprendizajes?

Existe hoy una sensibilidad que Martín-Barbero explica con la metáfora del palimpsesto, aquella tablilla de la antigüedad que se borraba para poder volver a escribir en ella, pero que dejaba emerger el pasado en las entrelíneas de lo que se escribía. Al igual que en esas tablillas, el conocimiento actual se reescribe sobre las formas antiguas y presentes de acceso a los símbolos. Se produce, por tanto, una cohabitación de la lectoescritura con las emergentes oralidades, visualidades e hipertextos a través de las cuales se expresan los individuos. Martín-Barbero propone que las escuelas redefinan el sentido de la cultura escrita entendiéndola como mediadora con otras culturas hasta ahora desechadas. Actualmente integramos la posibilidad de una escritura tejida por algoritmos. No sé qué pensaría él de los quebraderos de cabeza que está suponiendo para el profesorado el uso de la inteligencia artificial. Sí me atrevo a asegurar que la aprovecharía para seguir provocando intervenciones educativas respecto a los nuevos mapas comunicativos que estos dispositivos generan en una escuela que, por otro lado, debe convivir con saberes-sin-lugar-propio y sin un tiempo cronológico acotado y controlable.

No es cuestión de formular ni la comunicación ni la educación en abstracto, sino dentro de un proceso de creación simbólica y vital en el campo de acción de la cultura. Se trata de actualizar la historia de los sujetos con sus mediaciones y lenguajes y de hacer que estos relatos cuenten: «Contarse para ser contados», decía el autor; que los relatos cuenten en términos narrativos, pero también políticos, sociales y económicos. Para ello no vale cualquier tipo de mediación profesional, ni en la comunicación ni en la educación; los dos ámbitos exigen una permanente autocrítica y ejercicio ético. Frente a una visión de las identidades sin sujetos –virtuales, discursivas, desencarnadas–, resulta necesario reivindicar la experiencia de los individuos en sus procesos de negociación identitaria. Una negociación intrapersonal e interpersonal, mediada por el entorno y sobre la que la escuela debe reconocer responsabilidades, formular preguntas y asumir compromisos de transformación.

Bibliografía

Jesús Martín-Barbero (1987). *De los medios a las mediaciones*. Gustavo Gili.
—— (2002a). *La educación desde la comunicación*. Norma.
—— (2002b). *Oficio de cartógrafo. Travesías latinoamericanas de la comunicación en la cultura*. Fondo de Cultura Económica.

5. Libertad

Rebeca Wild (1939-2015)

Cuándo aprende un niño

¿Quién se atreve a decidir cuándo aprende más un niño?

Desde hace unos años incluyo en mis investigaciones y en las clases la técnica de la deriva. Este modo de observación nos permite reflexionar sobre las formas en las que vemos y experimentamos el territorio. Al hacerlo en movimiento se despierta la consciencia de un desplazamiento que, además de físico, es también mental y emocional. Así, por ejemplo, cuando deambulamos por el barrio de una escuela, el espacio nos invita a renovar la mirada sobre lo que sucede o lo que nunca ocurre en ella, porque en calles, solares o parques siempre emergen imágenes, sonidos, encuentros que nos interrogan y nos obligan a reconocer las múltiples conexiones de la educación. Esa predisposición a la sorpresa y la necesidad de mirar desde otros lugares para desvelar lo que en un primer momento ha permanecido oculto entre el paisaje también es aplicable a la relectura de cualquier escrito. Perderse entre los argumentos ya conocidos, dejarse llevar por lo que sucede en nuestra mente mientras los leemos de nuevo y estar atentos a lo que surge por primera vez es una forma de cartografiar nuestro propio conocimiento conectando numerosas experiencias.

Como en una deriva, transito de nuevo por la obra de Rebeca Wild y resuena en mi cabeza un grafiti que leí sobre un muro de mi ciudad: «La vida comienza tantas veces…». No se trata de una expresión aislada, podemos encontrarla en otras calles o en los muros digitales que amplían el espacio de la acción poética. Mientras leo los textos de esta pedagoga –referente de la llamada «escuela activa»–, la frase aparece detenida en el tiempo, pendiente, como a la espera de que alguien la complete. Se trata en realidad de una asociación previsible. No sé cuántas veces aparece repetida la palabra *libertad* en los libros de Wild, pero dudo que exceda mucho a la cantidad de ocasiones en que aparece la palabra *vida*. Quizá sea porque en el cimiento de su estructura pedagógica hay ideas de Pestalozzi, Montessori y Piaget, para quienes la vida es algo consustancial a la misma definición de educación. La aplicó nuestra autora a los postulados de Piaget, quien concebía la vida como un proceso de construcción activa del conocimiento y la inteligencia. Wild coincide en que esta construcción se produce, además de por la interacción con el entorno, por la adaptación a los desafíos y la participación en actividades como el juego. Pero, más allá de lo cognitivo, ella defiende que también abarca el desarrollo emocional, social y físico de las criaturas. Afirma que el principio motor de la educación es el respeto por el crecimiento natural de niños y niñas, ya que, como seres activos capaces de construir su propio conocimiento, deben poder desarrollarse en un ambiente de aprendizaje que favorezca su libertad, creatividad y autogestión.

¿Y qué decir de Montessori? En su método, la pedagoga italiana asegura: «La primera tarea de la educación es agitar la vida, pero dejarla libre para que se desarrolle», y Wild fue siempre fiel a ese mandato. Admiraba a Montessori no solo por su visión de la infancia y su creencia en el potencial innato del alumnado sino por el amor con el que describía los procesos y experiencias educativas. Crear ambientes cálidos y acogedores, la importancia de una comunicación amable, la presencia activa de la persona adulta tanto física como emocionalmente para poder escuchar a los niños, el énfasis en el compromiso y la responsabilidad... Son todos lugares reconocibles en la relectura que conectan ambas autoras en una infinidad de argumentos.

Quizá Wild pone mayor énfasis en el aprendizaje activo y experimental, y aboga por un método menos rígido y directivo para adaptarse a las necesidades individuales. Es muy significativa, en este sentido, su apuesta por dotar de mayor importancia a la cultura y la identidad local para responder a las necesidades reales de niños y niñas de América Latina. Pero, en general, el legado vitalista y la fuerza de Montessori atraviesa el camino de Wild en innumerables ocasiones y evidencia que el sentido de ese agitar la vida no es otro que la búsqueda de personas felices, capaces de contribuir a la sociedad desde la toma de sus propias decisiones y el aprendizaje de sus errores.

Interacción, libertad

*Sin interacción, «libertad» no es más que una palabra
nebulosa, una poesía cadenciosa.*

Desde que en 1977 iniciara su andadura pedagógica junto a su
marido Mauricio Wild en la escuela no directiva Pestalozzi de
Ecuador –conocida como El Pesta–, Wild profundizó en el respeto a esa guía interior de niños y niñas que mueve y posibilita
sus aprendizajes. Desde la observación y el acompañamiento
afectivo, docentes y familias son anclajes no castradores para
las criaturas, a la vez que experimentan su propio crecimiento
como agentes educadores.

En la actualidad, las escuelas ecuatorianas basadas en estos principios se llaman Centros para Actividades Autónomas
(CEPA), y en ellos la observación responde a una colaboración
comunitaria entre las personas adultas que están al servicio de
las necesidades auténticas de la infancia y de la juventud en todas las etapas educativas. Esta observación, que podríamos cali-
ficar de dialógica, permite identificar abundantes puntos ciegos
que operan en las relaciones educativas, incluidos aquellos que
existen respecto a la propia conciencia de la mirada. Maestros
y maestras entienden que la observación es una herramienta
para comprender a las criaturas, pero a la vez constatan que la
mirada sobre el otro nunca es unidireccional y que repercute
en la propia consciencia.

«¿Por qué este niño me irrita más que otro? ¿Soy ahora
yo mismo o estoy imitando un modelo preconcebido?». Esas
y otras preguntas que se plantean docentes en los textos de
Wild carecerían de visión transformadora si se cerraran sobre
sí mismas. Es lo que ocurre, según mi experiencia en forma-

ción y acompañamiento al profesorado, cuando la reflexión se encapsula en lo autorreferencial y se plantea como parte de un desarrollo psicológico. «Ser uno mismo diariamente puede ser muy doloroso», dice Wild.

Teniendo en cuenta que la docencia es una de las profesiones con más riesgo psicosocial, no es extraño que se potencien las redes de confianza entre el profesorado. A veces, sin embargo, ese apoyo se puede confundir con una especie de terapia y la reflexión acaba redundando en lo individual, lo que no siempre ayuda a la mejora del malestar personal y casi nunca facilita la acción colectiva. Por eso mismo, el hecho de que las escuelas de Wild potencien una observación comunitaria resulta especialmente sugerente para quienes entendemos que el autoanálisis de la profesión educativa debe exceder el ámbito de la intimidad para convertirse en un territorio compartido de lucha por la convivencia y la transformación social.

Otro aspecto especialmente significativo en los argumentos de Rebeca Wild es su concepción de felicidad. Desde una acepción narcisista y meramente instrumental, ser feliz sería algo así como el placer de una libertad sin condicionantes que, en cualquier caso, deberá ser domesticada en favor de la integración. Sin embargo, para Wild no hay nada más crítico y revolucionario que la alegría, entendida como una oportunidad para ser felices no solo individual sino también colectivamente. En su libro *Educar para ser* define la felicidad como la satisfacción que sentimos al vivir en armonía con nosotros mismos, con los demás y con el mundo que nos rodea. Ser feliz no es entonces conseguir éxitos o llegar a un estado de euforia permanente, como pretenden vendernos los espejismos mediáticos. La felicidad es más bien sentir la necesidad de abrirnos a los demás y de ser capaces también de vivir en ellos. La empatía es así un puente donde se encuentran los sentimientos, se comparten las necesidades y se preparan en común los proyectos de futuro. Es verdad que el miedo, el dolor o el fracaso son inevitables, pero si hemos sido capaces de crear una red de apoyos mutuos, la intensidad con la que se manifiestan esos sentimientos no desplazará la alegría de sentirnos vivos.

A propósito de estas reflexiones no me canso de regresar al documental *Children Full of Life*, que narra la experiencia de Toshiro Kanamori, un maestro japonés con más de 30 años de experiencia que concibe la escuela como un espacio privilegiado para crear estos lazos comunes. Sus estudiantes de Primaria lloran, se enfrentan a la muerte de sus seres queridos, a los envites de los conflictos entre ellos y a los surgidos con el profesor. Se esfuerzan y se equivocan, aprenden contenidos y aprueban o suspenden ejercicios de materias convencionales. Pero todos han interiorizado como objetivo primordial del curso ser felices, para lo cual deben procurar que sus compañeros y compañeras lo sean. Eso les lleva a ser solidarios, a exigir justicia ante expresiones de dominación y a buscar soluciones comunes. Y todo esto ocurre en el aula, en el tiempo y el espacio destinado a la educación formal con niños y niñas de 8 años, en un esquema pedagógico, por cierto, muy tradicional y directivo. Cuando lo comparto en clase siempre surge esta duda: ¿Está nuestra sociedad realmente dispuesta a ser feliz creando vínculos sociales y asumiendo la creación obligatoria de condiciones para que todos sus miembros compartan el dolor y disfruten de su derecho a la alegría? Nunca hay certezas. Sin embargo, el reconocimiento de experiencias como la de Kanamori o las relatadas por Rebeca Wild nos recuerda que en muchas aulas de este mundo la apuesta por enseñar y aprender a convivir dentro y fuera del aula es una manifestación próxima y real de que al menos esta felicidad sí es posible.

Se habla por el cuerpo

No solo se habla por la boca, sino con todas las herramientas que ofrece el cuerpo.

Un rasgo propio de Rebeca Wild es el valor específico que otorga a la relación entre el alumnado. Si las personas adultas tienen que generar vínculos seguros con niños y niñas a través de interacciones positivas y de calidad, la importancia de que se creen lazos de reconocimiento y confianza entre ellos es fundamental para sostener su desarrollo social, emocional e intelectual. Pensando en estas ideas de Wild, recuerdo una carta que una maestra de Infantil escribió a una amiga en la que se refería a la llegada al aula de una niña inmigrante. La maestra explicaba la reacción de la clase al recibir a una nueva compañera que habla muy diferente: «La acogieron con sus más y sus menos. No todo eran rosas». Pero al cabo de unos días pasó algo decisivo, cuando unos niños corrieron a avisarle de un importante descubrimiento: «¡Seño: la niña nueva llora en español!». Esa expresión le hizo a la maestra «pensar un poco más allá» y le devolvió «a lo básico y auténtico, las alegrías, las penas...; allí había algo que ellos entendían y les unía».

Efectivamente, si comunicar es esencialmente compartir a través de un proceso de reconocimiento, esas criaturas empezaron a comunicarse de forma efectiva una vez que identificaron códigos comunes de expresión. Se reconocieron iguales al mostrar idénticos sentimientos y las diferencias dejaron de ser una amenaza. Seguramente porque aquel llanto les parecía exactamente igual que las palabras de su idioma con las que expresan dolor, y así lo definieron como lenguaje. Llorar en español es, según experimentaron, la puerta de acceso a la comprensión desde la empatía. Ahora saben lo que siente su compañera porque lo dicen sus lágrimas, la entienden y la incluyen entre los suyos.

Los libros de Rebeca Wild están repletos de este tipo de situaciones que demuestran lo estéril que resulta, desde el punto de vista de la acción pedagógica, definir lo emocional como algo opuesto a la lógica y al conocimiento. Conocemos tal y como somos; esto es, en la medida en que sentimos y procesamos cognitivamente los estímulos externos. Despreciar las sensaciones y los sentimientos como factor de aprendizaje es una irresponsabilidad, máxime en sociedades hiperestimuladas emocionalmente por los medios de comunicación. No podemos dejar que esos medios construyan relatos cargados de códigos que activan todo tipo de sensaciones al tiempo que descuidan la conciencia y los saberes que las personas deben desarrollar en todos los ámbitos de la vida. Nuestro alumnado ha de aprender a expresar lo que piensa y lo que siente, y en ambos casos han de saber establecer puentes hacia los demás desde su diferencia, pero en igualdad de condiciones comunicativas.

La historia de aquella maestra, como tantas otras que ocurren en el aula y que nos hablan de comunicaciones encarnadas, lenguajes vividos por sujetos que intercambian miradas y construyen formas comunicativas propias, nos devuelve a la dimensión presencial, la más importante de la escuela. La oralidad, la palabra y el gesto que fluyen espontáneamente en los procesos educativos cara a cara constituyen un verdadero campo de actuación en el que emoción y razón despliegan todo su potencial creativo. Para nuestra autora, el desarrollo del habla está estrechamente relacionado con las diversas actividades de la vida en un constante dar y tomar entre quienes resuelven problemas mediante palabras, hechos, sensaciones y pensamientos. Nada puede sustituir ese espacio y ese tiempo de interacción comunitaria, ese aquí y ahora en el que estudiantes y docentes son entre sí y construyen dialógicamente significados irrepetibles.

Si el principal reto educativo es reconocer que el crecimiento social depende del desarrollo individual de nuestro potencial humano y que este debe estar en armonía con el entorno, acordaremos que el hecho educativo nunca sucede aisladamente ni como una abstracción. En ocasiones nos quejamos de que hay jóvenes que son pura apatía y no reaccionan ante determinadas cosas, pero pocas veces reconocemos que les hemos construido marcos de comunicación y aprendizaje propios de un conocimiento abstracto por el que no sienten nada.

Wild afirma que la educación debe ser un aprendizaje continuo orientado a la satisfacción profunda que surge de vivir una vida plena y significativa, y entiende que para las personas adolescentes eso implica poner en primer plano la pregunta: «¿Quién soy yo en este mundo?». Si queremos que las personas más jóvenes adquieran una competencia cívica orientada a la acción por la justicia social, habrá que incorporar esa pregunta con todas sus aristas para que nuestro proyecto resulte significativo y satisfactorio. Se trata, en todo caso, de crear las condiciones para que el alumnado y el profesorado puedan ensayar la experiencia profunda de asumirse como protagonistas colectivos de una historia de conocimiento, compromiso y acción transformadora.

En uno de sus últimos artículos, Rebeca Wild dice de su obra: «Ojalá no se convierta en un nuevo método educativo, sino que sirva a personas interesadas para acercarse a los procesos de vida y percibir que, en ambientes relajados, los niños nos pueden acercar al origen de nuestra propia vida». La educación como proceso siempre inacabado, pienso, mientras me sitúo de nuevo frente aquel grafiti: «La vida comienza tantas veces...» Mi memoria se fija entonces en una poesía de Sara Búho con la que cierro esta deriva sin conclusiones, alentada por las alas libres de los puntos suspensivos: «La vida comienza/ involuntariamente/ tantas veces como latidos/ como suspiros/ como sonrisas/ contenemos./ Comienza después del golpe/ después de la herida/ después de la pérdida/ después de un café/ de un abrazo/ de hundirse en el mar/ de tu película favorita/ de los labios rojos./ Comienza./ La vida comienza,/ te lo juro,/ cientos de veces/ por primera vez».

Bibliografía

Rebeca Wild (1999). *Educar para ser. Vivencias de una escuela activa.* Herder.

——— (2003). *Calidad de vida. Educación y respeto para el crecimiento de niños y adolescentes.* Herder.

——— (2013). Vivir y aprender de manera coherente, en un proceso de desarrollo sostenible. *Cuadernos de Pedagogía*, 434, mayo.

6. Política

Henry Giroux (1943)

¡Aprended, bailad y organizaos!

> *A los chicos y chicas trabajadoras de todas partes:*
> *¡Aprended, bailad y organizaos!*

Esta es la dedicatoria que Henry Giroux, uno de los teóricos fundadores de la pedagogía crítica en Estados Unidos con más repercusión en el debate sobre la educación como proceso de emancipación, incluye en su libro *La inocencia robada*. Así, entre exclamaciones, como quien pretende dejar claro que la interpelación es a la vez un mandato, un deseo y una súplica expresada con énfasis, enumera tres verbos esenciales para cimentar la acción cívica de la juventud y para sustentar las claves de la educación misma: el conocimiento, la alegría y la acción colectiva. Frente a un sistema educativo que, salvo honrosas excepciones, castra la libertad de acción del alumnado y le orienta a buscar respuestas prefabricadas por la propia institución, la exhortación de Giroux invita a las personas más jóvenes a generar preguntas y construir nuevas realidades. Es una apelación directa a la racionalidad crítica, pero también a la creatividad y a la capacidad de cooperación para la transformación, esto es, a su compromiso y responsabilidad como verdaderos sujetos educativos.

La posición de Henry Giroux tiene raíces freireanas que se manifiestan en su defensa de una pedagogía no violenta, liberadora y orientada a la esperanza. Como Paulo Freire, el autor entiende que la educación es una práctica de libertad que adquiere sentido en la medida que sirve para desarrollar la conciencia cívica y participar en el cambio social. Del mismo modo, considera, apoyándose en el concepto de hegemonía de Antonio Gramsci, que la escuela tradicional presta servicio al proceso mediante el cual las clases dominantes construyen consenso y legitimidad para su dominio. La educación formal se reduce entonces a una capacitación para que el alumnado ocupe su lugar dentro de una jerarquía social que se pretende incuestionable. Tomar conciencia de esta espiral reproductora y construir pedagogías críticas es un imperativo para el aprendizaje que Giroux promueve, lo que justifica su empeño en empoderar al estudiantado para que desafíe el *statu quo* y trabaje por la democracia y la justicia social dentro y fuera del sistema escolar.

Entre las huellas que sustentan sus trabajos sobre pedagogía pública, estudios culturales, estudios juveniles y teoría crítica también encontramos a la escritora anarquista Emma Goldman, una de las primeras defensoras de la educación pública, gratuita y universal. Giroux la considera un modelo para la educación radical de hoy en día y la admira por su feroz crítica a la escuela tradicional, elitista y conservadora, y por su defensa del potencial creativo y expresivo de las personas como elemento sustancial de la liberación y la justicia. Célebre es la frase «Si no puedo bailar, no es mi revolución», atribuida a esta activista cuando respondía a algunos compañeros que le recriminaban su forma de bailar en actos políticos: «Quiero libertad, el derecho a la autoexpresión, el derecho de todos a cosas bellas y radiantes», escribió. Al igual que Goldman, Giroux piensa que la tarea educativa, como cualquier otra lucha política, no está reñida con la alegría ni con las múltiples formas de manifestar el pensamiento y la acción. De ahí que toda su obra sea una apuesta por convertir la educación en una auténtica revolución personal, social y cultural.

¡Qué lejos están estas acepciones de las expectativas que tienen muchos futuros y futuras docentes! En la dinámica para conocer ideas previas y motivaciones acerca de la docencia que suelo emplear en clase pido al alumnado que indique en un papel tres acciones que asocien al verbo educar. Año tras año, la mayoría de las respuestas oscilan entre transmitir, enseñar y guiar. Pocas son las referencias a la educación como un ejercicio de lucha y cooperación para la transformación social. Liberación, cambio o mejora son aspectos en todo caso secundarios y circunscritos al ámbito personal. Intento problematizar estos puntos de partida a través de algún interrogante, como: ¿Quiénes son los sujetos de esa acción? ¿Al servicio de qué y de quiénes están las acciones asociadas a esos verbos dominantes?

Desmontar infinitivos prefigurados es una tarea propicia para la reflexión de la propia práctica educativa, no solo en la formación inicial del profesorado. A fin de cuentas, cada docente seguirá conjugando su compromiso en su trayectoria profesional en función de las respuestas que dé a ese tipo de preguntas. En mi caso procuro provocar dudas que ayuden a resituarnos ante el sentido social y comunitario de la educación con el objetivo que apunta el propio Giroux: hacer lo pedagógico más político y lo político más pedagógico.

Lo pedagógico más político, lo político más pedagógico

Hay que hacer lo pedagógico más político y lo político, más pedagógico.

Henry Giroux es significativamente crítico con el mito que convierte a las personas más pequeñas en inocentes seres silentes, unas criaturas presociales, instintivas y sin razón ni autonomía: «Incapaces de entender la infancia como una interpretación histórica, social y política, entremezclada con las relaciones de poder, muchos adultos envuelven a los niños en un aura de inocencia y proteccionismo que elimina toda idea viable de responsabilidad adulta, aunque la evoque». Privar a niños y niñas de voz no solo significa domesticarlos y aislarles, sino también utilizarlos como excusa para despolitizar las prácticas educativas. Esto tiene unas consecuencias muy negativas para la educación, ya que la formación técnica y prefigurada encuentra mayor acomodo en las escuelas que las prácticas críticas y de creación libre del alumnado.

Observo que muchos centros tienen serias dificultades para canalizar la participación democrática de niños y niñas. Su voz tiene cabida en los consejos escolares, pero no siempre encuentra una vía de expresión efectiva, bien porque las personas adultas acaban llenando todo el espacio de intervenciones, bien porque los lenguajes y códigos de expresión de las personas más pequeñas no son tenidos en cuenta. En algunos casos optan por hacer reuniones y asambleas preparatorias previas a las sesiones del consejo escolar con el objetivo de que los delegados y delegadas puedan ejercer su representación de manera realmente democrática y participativa. Obviamente, siguiendo a Giroux, esto requiere que el profesorado reconozca la capacidad de niños y niñas para decidir sobre aspectos que marcan la vida de la institución, lo que no siempre se produce. Digamos que aún impera un cierto despotismo ilustrado docente según el cual todo en la escuela se hace para el alumnado, pero sin el alumnado.

La cosa no mejora sustancialmente con estudiantes más mayores. En el caso de la universidad, los acuerdos de Bolonia para conformar un Espacio Europeo de Educación Superior sostienen que el alumnado es el centro de las reformas y le atribuyen un papel más activo. Sin embargo, hay una notable disonancia entre estos discursos institucionales y la percepción que tienen los presuntos protagonistas, para quienes Bolonia supone tan solo otro método de trabajo docente y no un reconocimiento de su voz y su capacidad de acción.

En cualquier caso, las protestas estudiantiles por la aprobación y gestión de una reforma que sienten ajena a sus intereses sí evidencian su capacidad crítica, organizativa y reivindicativa. No se ha analizado suficientemente el impacto ético, político y pedagógico de estos movimientos, que han reclamado un proceso de mejora universitaria más abierto, participativo y libre de injerencias. Ni siquiera los medios de comunicación dan buena cuenta de ello cuando inciden una y otra vez en la representación de los encierros en las facultades u otro tipo de protestas casi como un problema de orden público. Empoderarse, cuestionar, participar, apostar por la transversalidad, adoptar una perspectiva holística… son competencias básicas según proclama ese Plan Bolonia, por lo que, si realmente los equipos directivos de las universidades aspiran a tener el tipo de estudiantes que predican, deberían empezar a escucharlos como lo que son: sujetos críticos, creativos y comprometidos que les interpelan desde la comunidad.

Una pedagogía comprometida con la emancipación requiere el compromiso para socializar a la juventud en contextos amplios de ciudadanía política, cívica y económica, lo que empieza por reconocer su voz en la propia escuela. Henry Giroux entiende que este reconocimiento es un imperativo para el profesorado, puesto que ahí radica el sentido del magisterio entendido como una función intelectual capaz de conjugar el lenguaje de la crítica con el de la posibilidad, tanto en el propio hacer como en la mirada sobre el alumnado. El personal docente debe pronunciarse dentro y fuera de la institución educativa contra las injusticias económicas, políticas y sociales, pero para que esta acción sea realmente efectiva tiene que esforzarse por establecer las condiciones que proporcionen a sus estudiantes la oportunidad de ser ciudadanía y para comenzar a construir por sí mismos el cambio necesario. Del ejercicio coherente de esa responsabilidad dependerá la consideración de la docencia como una práctica intelectual y política de emancipación y lucha democrática.

La cultura de mercado, su función educativa

> *La cultura de mercado ejerce una poderosa función educativa.*

Giroux advierte de que el sistema democrático está siendo vampirizado por las condiciones del sistema capitalista: «No deja de sorprender el hecho de que un número cada vez mayor de encuestadores señalen que cuando se les pide a los jóvenes que den una definición de democracia, les respondan refiriéndose a la libertad de comprar y consumir lo que se quiera sin restricciones gubernativas».

La escalada de los enfoques mercantiles de la educación es un síntoma muy preocupante porque reduce la función cívica a una especie de operación comercial en la que el consumismo es la única forma de ciudadanía posible para los jóvenes. El desmantelamiento del Estado del bienestar, los ataques a la educación pública con un lenguaje permisivo y complaciente hacia la privatización, la pérdida de espacios públicos no comerciales para el tiempo de ocio y la despolitización de la economía son manifestaciones de una grave crisis democrática. Cuando la noción de ciudadanía se confunde con la capacidad de producción y consumo de los individuos, y las relaciones humanas se objetivan y valoran en términos de competitividad, rentabilidad y éxito, son especialmente inquietantes estas hibridaciones entre democracia y mercado.

Cuando las relaciones productivas se presentan como la medida de todas las cosas, el ejercicio de la autonomía personal o las acciones fuera de la lógica comercial terminan siendo cuestionadas, domesticadas o simplemente anuladas. Mientras seguimos discutiendo si lo personal es político, el neoliberalismo lo tiene claro: lo personal es económico.

Veamos la carta de presentación que redactó un universitario recién licenciado: «Estoy preparado para desarrollar cuantas tareas me sean asignadas, cuento con una sólida formación, amplia experiencia en el sector y total disponibilidad. Ofrezco una creatividad práctica, una actitud receptiva a las críticas, perseverancia y sentido de la responsabilidad hacia las tareas realizadas». Se trata de alguien que durante su carrera académica realizó prácticas en virtud de convenios firmados entre su universidad y diversas empresas.

Sus tutores no solo valoraron las tareas, sino también su actitud a la hora de asumirlas. De esta valoración dependía la convalidación de las prácticas en créditos, así que ajustó con precisión sus aptitudes a las actitudes que marcaban las empresas y asumía la institución universitaria. Finalizados sus estudios, este joven sabe lo que se espera de él y se ofrece como mano de obra –o cerebro de obra– perfectamente domesticada. Un chico para todo que solo pretende contribuir creativamente a la prosperidad económica del tejido empresarial. Su responsabilidad se circunscribe a la productividad y la voz crítica se conjuga en pasivo: «Soy capaz de aceptar las críticas». Sin más.

En los estudios universitarios ha calado la idea de que la única formación válida es la que adecúa el perfil del alumnado a las demandas del mercado de trabajo. Por eso cada vez tienen más importancia organismos del tipo Fundación Universidad Empresa, estricto servicio de la racionalidad práctica y de las relaciones económicas dominantes. Esta organización muestra su compromiso «al servicio y a las relaciones globales entre dos mundos, que en realidad son uno: la universidad y la empresa». Pero esta no es solo una tendencia universitaria, responde a un contexto cultural más amplio.

En 2006 la Comisión Europea recomendaba promover el aprendizaje del «espíritu empresarial» desde la escuela primaria. Ya no se refería a una formación para el trabajo, sino para la empresa, una diferencia sutil que incluye la asunción por parte del alumnado de un modo de entender la vida y las relaciones sociales centrado en la propiedad, la producción y el consumo. ¿Cómo casar el potencial creativo, transgresor, reivindicativo y crítico de la educación con las expectativas continuistas y conservadoras del mercado? ¿Cómo apostar por un modelo moral de democracia cooperativo y participativo, cuando el sistema económico se encuentra mucho más cómodo con un modelo que prima el individualismo, la competitividad y la delegación de las decisiones?

La mirada educativa comunitaria, dialógica y transformadora que defiende Giroux exige enfrentar estas tensiones con imaginación e incorporar un análisis complejo que supere reduccionismos y evite rendiciones, porque no estamos ante un destino inexorable, sino ante decisiones de naturaleza política. La escuela crítica debe capacitar y motivar a las personas para constituir una ciudadanía que fundamente su acción política por la igualdad y la justicia social, y construya las bases de una democracia real, no mercantilizada, sujeta a una ética de reconocimiento y acción cívica.

En esta línea resulta imprescindible abordar desde la educación la exigencia de otra cultura del trabajo, entendida como una práctica simbólica y social para humanizar las condiciones laborales y favorecer una mayor autonomía a todas las personas. La crisis económica no es solo un juego de abstracciones para los bancos, los índices bursátiles y el dinero, sino que afecta de lleno a unas relaciones humanas marcadas por un sistema que genera desigualdades. La teoría y la práctica educativa han incorporado a su vocabulario la educación para la paz, la coeducación o la educación para la ciudadanía. Estos y otros ámbitos formativos plantean como ejes clave de sus actividades el rechazo a la discriminación de género, la xenofobia, el racismo o la pobreza, los conflictos armados y la destrucción del medioambiente.

Podríamos preguntarnos, sin embargo, por qué el eufemístico «mercado laboral» –sin duda, una de las vivencias más conflictivas que tarde o temprano experimentarán cada uno de nuestros jóvenes– queda en la práctica excluido de la educación formal. Se trata de un terreno en el que cada vez es más evidente la fractura entre las expectativas de cooperación y desarrollo sostenible y la realidad de una competencia individual descarnada, con la explotación de recursos humanos y culturales como trasfondo. Es este un espacio donde lo que se aprende en la escuela (respeto, diálogo, colaboración, igualdad…) se da de bruces con el día a día de una estructura empresarial hegemónica, cuya organización interna suele ser generadora de violencia y de múltiples riesgos psicosociales.

¿Podemos decir que la escuela ayuda a afrontar las tensiones entre un sistema infectado de injusticias y desequilibrios y la vida cotidiana de una mayoría que acaba interiorizando estas desigualdades? Si los institutos organizan actividades de orientación sobre estudios superiores y salidas profesionales, ¿no deberían formar también sobre, por ejemplo, derechos laborales, vías de acción sindical y fórmulas alternativas de organización empresarial? Resulta paradójico que el alumnado pueda conocer qué son los conflictos invisibles, incluso las guerras olvidadas o los mecanismos de exclusión de determinados colectivos sociales, pero que en la agenda educativa no figuren las tensiones provocadas por el trabajo, cuando es seguro que este tipo de problemas van a condicionar irremediablemente su vida y su identidad.

Tal y como sugiere Giroux, el mensaje que transmite la escuela en este terreno es que no hay otro camino posible para la integración social que lo que ha venido a denominarse la «etapa productiva». De este modo, la institución escolar contribuye a la atrofia de la imaginación utópica: «Podemos imaginar el futuro, pero no podemos concebir el tipo de estrategias colectivas necesarias para cambiar ese futuro».

Las personas más jóvenes, sin embargo, deben ser conscientes de que el precio que pagarán por esa presunta normalidad es demasiado alto: el sufrimiento de unas relaciones jerarquizadas, excluyentes, alienantes y, en el mejor de los casos, absorbentes y agotadoras. Cuando los mercados hacen aguas y la política sindical necesita renovar sus discursos y reivindicar la defensa de un trabajo decente, no estaría de más que la educación formal abordara abiertamente los conflictos laborales, así como sus posibles vías de transformación. Sería un modo de comprometerse codo a codo por la igualdad desde el propio contexto individual y colectivo. Es probable que el personal docente descubriera nuevos puntos de conexión con el alumnado y con las familias, y que así se pudieran generar nuevos discursos desde la base, capaces de hablar de tú a tú a quienes controlan y deciden sobre las relaciones económicas. El reto es, en definitiva, atreverse a pensar y actuar políticamente en la vida productiva y económica de otra manera. También desde las aulas.

Bibliografía

Henry Giroux (1997). *Cruzando límites. Trabajadores culturales y políticas educativas.* Paidós.

——— (2003). *La inocencia robada. Juventud, multinacionales y política cultural.* Morata.

7. Currículum

José Gimeno Sacristán (1947)

Los problemas del currículum, una ignorancia culpable

> *Pretender reducir los problemas teoricoprácticos del currículo a problemas de índole técnica que es preciso resolver es, cuanto menos, una ignorancia culpable.*

En mis estudios de Periodismo realicé un proyecto para justificar una hipotética asignatura de Educación y Comunicación dirigida a jóvenes de Secundaria. Tenía 20 años, mil ideas y cero experiencias docentes. Fue la primera vez que me enfrentaba a términos como planificación, metodología docente o diseño curricular y fueron estos conceptos los que me condujeron inexorablemente a la obra de Gimeno Sacristán. He de decir que esa aproximación inicial fue un tanto desconcertante. Buscaba información para seleccionar contenidos, acertar en la metodología y programar la materia de forma objetiva, y me encontré con un planteamiento que cuestionaba la mayor.

No existe objetividad en la selección, organización, enseñanza y evaluación del conocimiento, dice quien fuera catedrático de Didáctica y Organización Escolar de la Universitat de València, sino que estos procesos están siempre inscritos en una red de intereses concretos. La neutralidad es imposible puesto que la pretensión de distancia analítica ya es una decisión con consecuencias intelectuales y políticas. Así que, en lugar de poner orden a mis ideas previas, tuve que desordenar unas cuantas presunciones sobre la naturaleza de las asignaturas, la función de los contenidos, el sentido de las actividades programadas y la eficacia de la evaluación.

La obra de Gimeno, especialmente su libro *El currículum: una reflexión desde la práctica*, es una guía imprescindible para comprender la compleja madeja estructural, administrativa y política de la educación. Todo un clásico, especialmente en el ámbito español y latinoamericano, que ha servido de base a muchas investigaciones sobre la teoría de la enseñanza, el desarrollo del currículum y la didáctica general. Los planteamientos de Gimeno Sacristán evidencian los condicionamientos institucionales que operan en las dinámicas educativas y al mismo tiempo obligan a optar por un posicionamiento desde el cual modelar el currículum a partir de la propia práctica docente. La idea de que el currículum es un proceso inscrito en una determinada estructura y atravesado por un conjunto de mediaciones –entre las que se encuentran las del profesorado, pero también las del alumnado– es doblemente significativa, ya que no solo desenmascara el mito de la neutralidad educativa, sino que interpela a la responsabilidad y capacidad transformadora de todos los agentes implicados.

Desde que accedí al Área de Teoría e Historia de la Educación de la Universitat Jaume I he participado en una práctica de colaboración docente basada en la discusión crítica y colaborativa sobre contenidos y metodologías. A pesar de la pluralidad de perfiles y estilos del profesorado, existe en el área un acuerdo sobre las características que definen las materias y el papel mediador de la docencia. Las asignaturas no son un fin en sí mismas, sino un medio para que el alumnado esté en disposición de afrontar de manera informada, dialógica y crítica nuevos aprendizajes sobre la educación. Además, la acción docente no se reduce a una mera transmisión de información, sino que dinamiza los conocimientos arbitrados por la institución educativa en ese cruce de prácticas y campos de fuerza que, según Gimeno, atraviesan el currículum.

Desde nuestra perspectiva, las fronteras entre escuela y universidad son fácilmente transitables y ya sea en investigación, docencia o extensión universitaria, procuramos hibridar saberes y dinámicas académicas y profesionales. Partimos de la asunción del compromiso ético, político y utópico para la transformación socioeducativa que defiende Gimeno, muy lejos de las corrientes neopositivistas que desde un saber experto y, en muchas ocasiones, extraño a la vida de la escuela se presentan como correctoras de supuestas disfunciones educativas. Nuestra tarea no consiste en corregir para adaptar el hecho educativo a un sistema prefigurado, sino en generar colaborativamente con el profesorado no universitario y con otros agentes educativos un conocimiento que permita analizarlo críticamente y mejorarlo.

Un reto especialmente relevante es propiciar una reflexión de este calado en el curso de Planificación Docente que impartimos al nuevo profesorado universitario novel. Les advertimos que la docencia no es un ejercicio de ejecución aséptica de programas sino un compromiso profesional que debe ser aplicado en conciencia y con autonomía. Intentamos desacralizar conceptos institucionales y rituales académicos: normativa, plan de estudios, guía docente, diseño curricular o manuales de asignatura. Sin obviar la importancia que tiene asumir el marco legislativo e institucional en el que se inscribe nuestra tarea profesional, resulta obligado partir de una reflexión sobre el propio posicionamiento docente.

Tal y como plantea Gimeno, si ahora mismo existe una especie de anomia y resignación ante el avance de pedagogías tecnócratas que reducen la educación a mecanismos de aprendizaje, es por la carencia de narrativas que den sentido claro al pensamiento y la acción de educar. Por tanto, antes de tomar decisiones respecto a cómo organizar contenidos o programar actividades, el profesorado novel tiene que plantearse por qué y para qué educar, de tal modo que su propuesta metodológica vaya en consonancia con los planteamientos, la perspectiva educativa y las finalidades a las que decida servir. Idolatrar los procedimientos formales puede cegarnos y corremos el riesgo de entretenernos tanto en ellos que se nos escape la vida, los saberes espontáneos o lo imprevisible, que también es parte del conocimiento. Conviene ordenar los contenidos y procedimientos de aprendizaje, pero detallar en exceso objetivos, competencias, actividades, etc., conlleva el riesgo de suponer que es posible controlar la relación pedagógica con nuestro alumnado. Cualquiera que haya dado clases sabe que esa es una pasión contraproducente, además de inútil.

Discursos sin praxis, eslóganes educativos

Los discursos sin praxis se transforman en eslóganes educativos.

En mi etapa de vicedecana del grado de Maestro/a en Educación Infantil tuve la oportunidad de comprobar las extraordinarias resistencias que se generan a la hora de llevar a la práctica cambios estructurales, metodológicos y procedimentales en el currículum de la educación superior. La agencia estatal que acredita la calidad de los títulos universitarios españoles señaló algunas deficiencias en los planes de estudios de Magisterio de nuestra universidad y recomendó hacer algunos cambios. Eran propuestas menores que podríamos haber resuelto aplicando los correctores sugeridos por la agencia, pero desde la coordinación de los grados, aprovechamos para abordar una reflexión en profundidad sobre el sentido de la formación inicial del profesorado. Invitamos a docentes universitarios, maestros y maestras en activo, docentes jubilados, asociaciones culturales, familias, representantes de la administración, alumnado y otros agentes interesados en mejorar la educación a unas jornadas que titulamos «Repensando los saberes necesarios para la formación inicial de maestros».

Huíamos de la jerga institucional de las competencias y resultados de aprendizaje porque, como advierte Gimeno, son conceptos directivos, supuestamente neutros, que no se entienden desde la práctica y que acaban distrayendo la discusión sobre los fines de la educación. Trabajamos en diversos grupos heterogéneos sobre contenidos, metodología y evaluación, extrajimos conclusiones e identificamos cuestiones no previstas que emergían como claves significativas. Con todo ello confeccionamos una propuesta de modificación del plan de estudios que fue sometida a debate en las diferentes áreas de conocimiento y a valoración técnica para calibrar su adecuación a criterios de sostenibilidad y viabilidad (económicas, se entiende). Y ahí empezaron las tensiones corporativistas, laborales, administrativas e institucionales que condicionaron un complicado proceso de negociación del cual obtuvimos un discreto avance en cuanto a modificaciones pedagógicas y un enorme aprendizaje sobre las contradicciones del sistema universitario.

Está extendida la creencia de que la institución universitaria tiene una marcada tendencia narcisista; esta cree que su reflejo es la medida de todas las cosas y no suele reflexionar acerca de su propia pedagogía. No dudo de que eso responda a una manera concreta de entender la misión de la universidad, pero si apostamos por hacer efectiva una educación comprometida con la emancipación y entendemos la responsabilidad social universitaria como una garantía de colaboración comunitaria, tendremos que revisar normas, estructuras y dinámicas que impiden problematizar y transformar su propia cultura curricular.

También habrá que reflexionar sobre el sentido de conceptos como innovación y reforma, puesto que en demasiadas ocasiones, nos advierte Gimeno, se utilizan como instrumento legitimador para dejar las cosas como están. Actuar al respecto o no hacer nada es una acción política con clara repercusión pedagógica que forma parte de un currículum oculto que, como subraya nuestro autor, influye de manera significativa en la formación de los estudiantes, y moldea sus percepciones, creencias y comportamientos. Deberíamos preguntarnos, entonces, qué consecuencias educativas tiene que el alumnado de Magisterio interiorice la fractura evidente entre el discurso de la emancipación que prolifera en las aulas y la resistencia numantina en departamentos y gerencias ante cualquier cambio pedagógico realmente significativo.

Otra paradoja llamativa es la apuesta de la universidad por la edición de manuales de asignatura como incentivo para la carrera docente. Se da la circunstancia de que podemos encontrar libros de texto de materias donde se recomienda al alumnado evitar utilizar libros de texto, puesto que, como dicen autores como Gimeno, «además de ser una práctica económica ha sido históricamente la forma de controlar el currículum y la actividad escolar». Contradicciones aparte, deberíamos pensar si este tipo de prácticas editoriales contribuyen a cristalizar los contenidos en dispositivos que alimentan un currículum rígido en lugar de potenciar procesos de formación y conocimiento mucho más abiertos y acordes con las actuales formas de acceder al conocimiento. Tampoco podemos obviar, en la universidad y en la escuela, la reacción de los destinatarios: ¿Cómo reinterpretan la información que contienen de acuerdo con sus propios códigos y lenguajes? ¿Cómo reconstruyen los significados desde su propia forma de percibir el conocimiento?

Recuerdo a Antonio, un niño de unos 6 años, que mostraba cierto retraimiento en las clases y una cierta apatía en las actividades que su profesora proponía. Un día hablaron del sentido del tacto y de las texturas, asociado al concepto de contrarios o antónimos. Antonio miraba fijamente el libro, lo tocaba y decía que no. Había un ejemplo de «suave» (algodón) y de «áspero» (una lima de uñas). No hubo forma de saber qué es lo que negaba, pero al día siguiente vino con una lija en la mochila y le dijo a su maestra: «Esto sí es áspero». Podríamos preguntarnos si Antonio no conocía los libros sensoriales o de texturas o si el no saber distinguir la realidad de la representación es síntoma de algo, pero a mí me pareció todo un acto de lúcida rebeldía.

Él sabía lo que era áspero y, desde luego, el papel del libro no lo era. A veces, de las contradicciones, dificultades y desánimos se sale incorporando lo inesperado como evidencia ética, poética y práctica.

Intereses dominantes, instrumentar, pero no discutir

> *Los intereses dominantes que subyacen a cualquier proyecto educativo: dar sus fines como algo dado que es preciso instrumentar, pero no discutir.*

Las obras de Gimeno Sacristán están llenas de datos y análisis. pero también de múltiples interrogantes. Son preguntas abiertas que incentivan la lectura de sus argumentos en busca de soluciones, aunque no siempre lo más relevante sean las respuestas, sino el lugar adonde nos conducen las dudas expresadas por el autor. A mis estudiantes les invito continuamente a formular preguntas, y no exclusivamente sobre lo que no han entendido —estos interrogantes tienen un valor distinto—, sino también sobre lo que quieren saber a partir de lo que han comprendido. Los apuntes, las memorias del Prácticum, los trabajos de fin de máster... Todo tiene que dejar constancia del conocimiento que han construido, tanto por las conclusiones a las que han llegado como por las vías que han abierto con sus dudas.

Creo que la tarea más difícil y quizá la más urgente en tiempos de incerteza y fragilidad es educar en la pregunta. A mis alumnos y alumnas de Periodismo les ponía un vídeo en el que aparece un ministro perseguido por una nube de cámaras y micrófonos. El hombre se para en seco: «¿Alguna declaración?», inquieren los informadores. «¿Alguna pregunta?», contesta el ministro. Como no obtiene ninguna respuesta, agradece la presencia de la prensa y se va haciendo un solemne mutis. Esta escena me ayudaba a compartir una reflexión sobre el porqué de ese silencio ¿Son las rutinas de trabajo acelerado las que impiden a los periodistas hacer su trabajo y preguntar? ¿Se ha extendido la mala costumbre de aceptar sin un mínimo análisis crítico las notas de prensa que ofrecen los organismos oficiales? ¿O existe una cuestión más de fondo y ocurre que, en general, nadie ha sido educado en el arte de la pregunta y, al contrario, la situación educativa se ha encargado de castrar esa necesidad de cuestionarlo todo e ir más allá que tienen las criaturas? Al final de la sesión les leía una historia de Eduardo Galeano sobre una niña indígena que, sorprendida por los ojos azules de un periodista televisivo, le pregunta de qué color veía él las cosas. El informador le contesta: «Del mismo que tú». Ella le replica: «¿Y cómo sabe usted de qué color veo yo las cosas?». Toda una periodista, les decía a mis estudiantes.

Como docente en los grados de Maestro/a, suelo explicar que el pensamiento de la posmodernidad considera la verdad como un constructo social, no como un hecho inmutable. En una clase, una estudiante preguntó: ¿Cómo estar segura de que lo encontrado en las redes sociales es verdad? Una respuesta de otro compañero concitó un elevado grado de acuerdo: «Buscamos algo y si vemos que se repite muchas veces en diversos sitios, es que es cierto». Esta especie de referéndum virtual por el que algunas personas toman decisiones «a peso» me desconcierta y, acabada aquella clase, apunté un interrogante en mi diario: ¿Es posible liberarnos de ese poder de expertos ajenos a la escuela que, como denuncia Gimeno, selecciona contenidos, ya sea en el currículum o en los libros de texto, para acabar cayendo en el dominio de una especie de conocimiento *collage* cuantitativo y sin ningún tipo de anclajes? En principio, ambos escenarios solo parecen beneficiar a un mismo sistema viciado por el mercado, ya sea por sumisión en el primer caso, ya sea por anomia en el segundo. Pero esto, obviamente, es algo que me interpelaba y abría una vía de pensamiento para mi práctica docente. De los otros caminos abiertos dan cuenta las reflexiones del alumnado que, al ponerlas en común, permiten extraer conclusiones de manera dialógica y consciente ante la pluralidad de perspectivas.

Otra cuestión que últimamente me produce vértigo es el desarrollo de la inteligencia artificial (IA). Podemos formular cientos de interrogantes al respecto para provocar debate y, con él, conocimiento. Por ejemplo: ¿Podría el chat GPT-3 haber escrito este libro reinventando la parte de mis experiencias? En sus escritos, Gimeno denuncia el control técnico que se ejerce a través del libro de texto: «Personas ajenas a la situación de enseñanza deciden, desde un nivel superior del sistema, la práctica de los profesores». Pero ¿qué pasaría si cambiamos la persona por el algoritmo? ¿Tendría la IA los mismos intereses y las mismas servidumbres que tienen quienes maquinan con inteligencia «natural»? ¿A quién atribuir los sesgos sexistas, etnocéntricos o mercantiles? Diversos estudios denuncian la omisión de la memoria democrática en los libros de Historia. ¿Emergerían las voces silenciadas si le pidiéramos a esta herramienta de Microsoft que nos resumiera la repercusión social de las dictaduras franquista, pinochetista o videlista? ¿Sería equidistante?

Seguramente una perspectiva mediatizada por el predominio de la psicología en el tratamiento de los problemas pedagógicos —según Gimeno, ese es el discurso dominante en la pedagogía moderna– no andaría entretenida abriendo este tipo de interrogantes. Su misión es otra: dar respuestas individuales, aunque queden desplazados los problemas colectivos. Pero quienes creemos que la finalidad esencial de la escuela es su función cultural y transformadora, no podemos renunciar a ningún debate ni dejar de provocarlo. Nos interesa salir de sistemas de conocimiento dogmáticos donde las respuestas obturan la pregunta y sirven de instrumento legitimador a un orden incuestionable. Porque nuestra tarea desde la universidad es precisamente cuestionarlo y trabajar por otro modelo en el que, cuanto más se aprende sobre las cuestiones pedagógicas esenciales, más se discuten y se abren a nuevos fines educativos.

Bibliografía

José Gimeno Sacristán (1988). *El currículum: una reflexión sobre la práctica*. Morata.

————— (2001). *Educar y convivir en la cultura global*. Morata.

————— (2009). *Educar por competencias, ¿qué hay de nuevo?* Morata.

8. Escuela

Philippe Meirieu (1949)

La Escuela, exigencia de rigor, precisión, verdad

> *La Escuela sigue siendo el lugar donde la transmisión de conocimiento es, consustancial y conjuntamente, la transmisión de la exigencia de rigor, de precisión y de verdad.*

Leer a Philippe Meirieu es como encontrar cobijo en medio de una tormenta. Mientras arrecia el temporal contra la pedagogía, se cuestiona la función de la escuela y se pone en duda el sentido del magisterio, el discurso sereno de este pedagogo, ensayista y político francés nos ofrece un lugar apacible desde donde repensar todas estas cuestiones. Fiel a la tradición humanista de Rousseau e inspirado por la utopía cooperativista de Fourier y el personalismo comunitario de Mounier, el discurso de Meirieu siempre sostiene la reivindicación de la modernidad. Heredero del cristianismo social y el socialismo libertario que guiaron sus primeros pasos en política, siempre ha estado comprometido con los ideales de una educación popular igualitaria. Podríamos decir que su horizonte utópico, esa fuerza motriz que impulsa la acción educativa, concilia la emancipación de la persona con la justicia social. En sintonía con las concepciones más clásicas de la educación ilustrada, su defensa de la escuela es consustancial a la defensa de los derechos humanos y la democracia.

Meirieu es consciente de la crisis que atraviesa el relato educativo basado en una institución escolar segura e incontestable: las promesas incumplidas de la razón ilustrada en cuanto a progreso, libertad e igualdad han hecho mella en las posibilidades emancipatorias de la escuela. En *Cartas a un joven profesor*, Meirieu escribe: «Globalmente hemos perdido. La sociedad que os dejamos no es ni más justa ni más culta, ni más capaz de tomar las riendas de su porvenir». A fin de cuentas, los desastres que ahora pretendemos arreglar con la educación han sido provocados en parte por personas que han recibido una formación a un alto nivel dentro de esos parámetros. Insistir en el mismo sistema educativo solo sirve pues para agrandar el problema. Por otra parte, la institucionalización de este modelo ha favorecido que las nuevas generaciones lo conciban más como una imposición que como una posibilidad de transformación social y cultural: «Ya sé que estos términos actualmente parecen muy trillados, han perdido la connotación subversiva que tenían entonces y se han convertido, para vosotros, en un nuevo lenguaje estereotipado institucional».

Pero no es solo una cuestión de análisis crítico o de desafección generacional. Tanto en el quehacer docente como en la labor investigadora e incluso la gestión política, el propio Meirieu ha constatado la dificultad de materializar el proyecto social, cultural y cívico de ese modelo. Han sido muchas las contradicciones del propio sistema y demasiadas las batallas perdidas contra las prácticas neoliberales –desarrollo de la privatización, mercantilización de recursos didácticos, apropiación de conceptos como libertad educativa…– para no reconocer un cierto fracaso. ¿Por qué, entonces, seguir aferrado a la idea de que la educación, y más concretamente la escuela pública, puede formar una ciudadanía crítica y comprometida con un mundo mejor? ¿Cuál es hoy la finalidad de la educación? ¿Qué sentido tiene ser docente? Y en términos de Meirieu, ¿cuáles son en este momento los principios fundadores de la escuela?

Por lo general, cuando los jóvenes llegan a la universidad no son conscientes de que los discursos acerca de la sociedad y el pensamiento contemporáneos condicionan su identidad personal y profesional. Para debatir sobre ello, en nuestras clases partimos de un vídeo acerca de la llamada «generación perdida» en el que un hombre nacido en 1985 muestra su decepción por un sistema que considera tramposo: «Nos prometieron que si estudiábamos mucho y nos portábamos bien tendríamos trabajo y seríamos felices. Lo hicimos y ahora estamos en paro, padecemos la corrupción de quienes gestionan y sentimos un profundo malestar». El alumnado se siente más o menos interpelado por ese lamento y discute sobre quién tiene la responsabilidad en ese engaño: familia, escuela, medios de comunicación, gobierno… Al margen de variaciones contextuales o generacionales, existe acuerdo en que la escuela no alivia este malestar creciente. Antes bien, lo alimenta.

Pero lo verdaderamente inquietante es un argumento que se reitera desde hace unos años: «No nos sentimos frustrados porque desde el principio carecemos de expectativas y sabemos que todo es mentira». Toda una andanada en la línea de flotación del proyecto educativo de la modernidad. ¿Cómo van a sostener esa escuela basada en el ideal de precisión, rigor y verdad que defiende Meirieu quienes piensan que nada es cierto?

Meirieu nos invita a reformular la función educativa atendiendo al vértigo que provocan estas perspectivas, pero sin perder de vista el sentido profundo de la pedagogía. Acepta la advertencia de la posmodernidad sobre el peligro de caer en dogmatismos y reconoce el valor de la pluralidad. Sin embargo, rechaza ese relativismo que imposibilita la construcción de bases sólidas para el aprendizaje y la convivencia. Hemos de aceptar la incertidumbre y la perspectiva holística que dan un nuevo impulso a la acción educativa, lo que no implica renunciar a la búsqueda de la verdad o aceptar la fragmentación del conocimiento. Hacerlo no solo supondría claudicar en la misión de la escuela, sino en el futuro de la humanidad y del planeta.

El reciente Informe Unesco tiene un título significativo: *Reimaginar juntos nuestros futuros: un nuevo contrato social para la educación*. Quizá para romper con la imagen institucional y elitista, por primera vez este informe se realizó en un proceso de consulta mundial en el que participaron alrededor de un millón de personas relacionadas con el mundo educativo. Sus conclusiones refuerzan la idea de que lo que nos salvará no es la educación a secas, sino un determinado tipo de educación: cooperativa, centrada en la dignidad humana y en la supervivencia planetaria, y capaz de hacer efectivo el empoderamiento de los jóvenes.

Tampoco nos sirve cualquier escuela. Solo es imprescindible aquella que, como afirma Meirieu, expresa la voluntad de cuidar efectivamente el futuro preservando la integridad del mundo. La que resiste a todo el poder de las opiniones y se basa en una pedagogía que garantiza la renovación de la democracia: «Una pedagogía en que los alumnos se reconozcan conjuntamente hijos e hijas de las mismas preguntas, capaces de asumir serenamente la diferencia de sus respuestas y de comprometerse conjuntamente en las formas de una ciudadanía solidaria».

Saber hacer escuela

Para hacer progresar a la escuela hay que saber cómo hacer escuela.

Según Meirieu, hacer escuela es fundamentarla en los principios de educabilidad y libertad que dan sentido a la educación democrática e inclusiva que necesitamos. La educabilidad, como capacidad y disposición de aprender, es una cualidad inherente al ser humano y, por tanto, ninguna persona puede ser excluida *a priori* de la educación. Para nuestro autor, esto no es una evidencia científica –desconocemos si es verdad o no–, sino un principio heurístico que permite el avance social. Cuando la pedagogía apuesta por la educabilidad de quienes antes se veían excluidos impulsa a la sociedad a avanzar de manera extraordinaria: «De Pestalozzi a Makarenko, de María Montessori a Fernand Oury, son siempre los que han cargado con los "ineducables", los que inventan los métodos pedagógicos más originales y prometedores al servicio de esa transmisión del saber que queríamos democratizar». Una de las aportaciones más significativas de Meirieu, la pedagogía diferenciada, se fundamenta precisamente en el principio ético y filosófico de la educabilidad. Se trata, en suma, de atender a la diversidad en el aula, teniendo en cuenta los diferentes ritmos de aprendizaje, estilos cognitivos, intereses y necesidades de cada estudiante para que todas las personas tengan la oportunidad de aprender y desarrollen al máximo su potencial.

Según mi propia experiencia, los centros escolares que se basan en los principios de inclusión, equidad y justicia orientan sus prácticas hacia este tipo de exigencias. Para ellos ni la pedagogía es un marco profesional ni la didáctica una herramienta para el oficio de educar, sino auténticas propuestas de creación de conocimiento y de vida comunitaria que, desde lo que Meirieu llama la «transgresión contra todo fatalismo», se ponen al servicio de un proyecto de sociedad democrática e igualitaria. Esto no los convierte en centros ideales o modelos de éxito desde un punto de vista eficientista, aunque tampoco es ese su cometido. Sí son, en cambio, referencias de primer orden para la educación pública, porque su proyecto, lejos de teorizaciones o consignas administrativas, responde al compromiso adquirido por el profesorado, las familias y el alumnado de crear condiciones de posibilidad para la renovación democrática. Entienden que la misión de la escuela no se reduce a transmitir un saber democrático o conseguir una gestión participativa, sino en posibilitar una educación democrática participada de manera efectiva por la ciudadanía. Estos centros crean unos valores colectivos que van más allá de la simple yuxtaposición de intereses particulares o del cumplimiento de una normativa y lideran proyectos de transformación sociocomunitaria. Como diría Meirieu, no solo enseñan el sentido de la inclusión, la convivencia y la justicia social en la escuela, sino como escuela.

Pero ¿cómo se construye esa escuela cuando las fracturas entre este ideal de convivencia democrático y los valores del mercado son más que evidentes y tanto docentes como estudiantes se encuentran implicados en un saber y un hacer absolutamente paradójicos? Contemplamos el auge de discursos cargados de antipedagogismo que, tanto desde posiciones conservadoras como incluso supuestamente alternativas, niegan el crédito a la pedagogía y acaban apostando por una escuela elitista centrada en la transmisión de conocimiento y en el refuerzo de una concepción jerarquizada de autoridad. Tampoco ayuda el avance de lo que Meirieu llama corriente cientifista de la pedagogía, la cual, basándose en la neurociencia y las tecnologías contemporáneas, busca optimizar procedimientos estandarizados bajo el mandato de la productividad. Si los problemas se solucionan en el cerebro, no hace falta análisis histórico, social y cultural –dice Meirieu–, pero la acción humana no es científica, sino algo que se construye en un proyecto con valores y que combina conocimientos con informaciones que tomamos sobre el terreno. Por eso mismo, la ciencia no puede decidir sobre la educación.

Las escuelas con las que colaboramos asiduamente en procesos de investigación-acción participativa toman sus decisiones educativas de forma colaborativa. Las dificultades de trabajar con estos planteamientos estimulan que se genere nuevo conocimiento pedagógico sobre formas de empoderamiento y democratización a partir del mestizaje de todos los espacios educativos, saberes académicos y locales, y códigos diversos de expresión y aprendizaje.

Buscar estos espacios híbridos e indagar en nuevas formas de comunicación que sustancien de forma efectiva la participación comunitaria es imperativo para afrontar esas características asociadas a la condición posmoderna: falta de valores, desmotivación, agresividad, sinsentido…, que sirven de coartada a los discursos más inmovilistas y reaccionarios. En las brechas de este discurso es desde donde trabajan cognitiva y políticamente estas escuelas. Sin renunciar a la utopía de una sociedad inclusiva, equitativa y justa, crean día a día las condiciones de posibilidad para que su alumnado sea realmente consciente y libre.

Ser profesor, estar en el mundo

Ser profesor es una forma particular de estar en el mundo.

Para Meirieu, la manera de ser y mirar que tiene el profesorado es esencial para mediar en la comprensión de la realidad. Sin embargo, hay quien augura ahora la sustitución del personal docente por inteligencia artificial y, más preocupante todavía, hay estudiantes convencidos de que la profesión para la que se preparan está condenada a extinguirse. Si a esto le sumamos un escaso reconocimiento social y el sometimiento a todo tipo de imposiciones normativas y sobrecargas burocráticas, se configura un marco poco alentador para ejercer la docencia. Meirieu, sin embargo, no acepta rendiciones en un oficio indispensable para avanzar cultural y socialmente: «Al elegir la profesión de maestro, habéis hecho del futuro vuestra profesión».

Recuerdo *Desmontando a Harry*, una película de Woody Allen en la que un actor aparece desenfocado a ojos de todos, fuera y dentro de cámara. El médico no encuentra explicación a su estado y acaba dándole a la familia de ese paciente unas gafas para que puedan verle mejor. En cierta medida, la visión del profesorado de hoy se presenta algo borrosa sin que encontremos un claro diagnóstico para hacerle frente. Meirieu afirma que la identidad docente se construye, en parte, a través de las representaciones dominantes de la profesión.

En ese aspecto, los medios de comunicación desempeñan un papel clave, porque, desde la ficción romántica hasta la reducción informativa del llamado «malestar docente», provocan distorsiones y obvian la diversidad de opciones, realidades y prácticas educativas. Sin embargo, las redes sociales han contribuido a alumbrar espacios y voces invisibilizados –blogs, hagstags educativos, medios electrónicos…– y la aparición de medios especializados está modificando los valores-noticia tradicionales. Vivimos, pues, un buen momento para que las prácticas educativas más anónimas, los temas y las visiones de maestras y maestros desconocidos pugnen por ganar espacio en los niveles de representación públicos.

El profesorado puede, por tanto, negociar la construcción discursiva sobre la educación, lo que exige inexorablemente su implicación cultural, social y política. Sin embargo, hay docentes a quienes fastidia encontrarse con discursos críticos respecto a la profesión y, más aún, responsabilizarse de las alternativas. Un reto fundamental en la formación del profesorado es, a mi modo de ver, ayudarles a despertar o a conectar con el deseo de construir colectivamente el discurso sobre la función docente. Para hacerlo, se deben abordar también esos otros componentes que según Meirieu repercuten en los modelos profesionales: la representación psicológica del alumnado y la concepción ideológica de lo que supone el desempeño docente.

Hace tiempo escuché una afirmación muy gráfica: la diferencia entre la docencia de los diferentes niveles educativos es que las maestras y maestros de las escuelas aman a su alumnado, los de instituto aman su disciplina y los universitarios se aman a sí mismos. La caricatura acierta en dos cosas: poner el amor como eje común de la profesión –la única manera de educar es implicarse en ello con la mente y el corazón– y en advertir una parcelación del objeto amoroso en función de las etapas educativas. El dicho funciona porque la actual concepción de lo que significa ser docente en cada etapa alimenta la fractura entre alumnado, disciplina y autoestima, lo que repercute en la manera de ser y de estar en el acto educativo.

Para Meirieu, el enfrentamiento entre una profesión centrada en el alumno y una docencia centrada en el saber es estéril, porque el amor pedagógico no puede disociar el saber y el seguimiento personal, sea cual sea el nivel profesional: «Un saber exigente, sin concesiones de fondo. Y un seguimiento que permita a cada uno acceder a ese saber utilizando los recursos de que se dispone». No obstante, hay quienes realmente actúan en consecuencia respecto a aquel esquema estereotipado y, teniendo en cuenta la jerarquización que existe entre las etapas educativas, acaban encumbrando la antipedagógica pasión narcisista.

En definitiva, sabemos que, como le pasa al personaje de Woody Allen, el desenfoque del profesorado no está motivado por la acción externa, sino por él mismo. La solución a esa indefinición y a su malestar no está, pues, en que los demás corrijan su mirada. En la película, el psicoanalista del escritor le espeta: «Usted espera que el mundo se adapte a la distorsión de usted». Algo de eso hay en determinadas quejas de los docentes. En ocasiones, la falta de autocrítica y el victimismo lastran las acciones y relaciones auténticamente transformadoras.

Si las inercias gremiales y los intereses corporativos se imponen, proseguirá también el empeño egocéntrico de que los demás se adapten al malestar propio. Meirieu nos invita a sacudirnos la queja y a huir de la insatisfacción constante porque el alumnado, las familias, la ley o el propio desempeño no se ajustan a determinadas expectativas. Citando a Fernand Deligny, nos exhorta a encontrar ese algo personal que nos instituye como profesoras y profesores sorteando vanidades, tomando decisiones y focalizando nuestro compromiso educativo para seguir en pie:

Tienes que saber lo que quieres. Si es hacerte querer por ellos, llévales caramelos. Pero el día que te presentes con las manos vacías, dirán que eres un cerdo. Si quieres hacer tu trabajo, tráeles una cuerda de la que tirar, leña que partir, sacos que cargar. El amor vendrá luego, y esta no es tu recompensa.

Bibliografía

Philippe Meirieu (2004). *En la escuela hoy.* Octaedro.

———— (2006). *Carta a un joven profesor. Por qué enseñar hoy.* Graó.

———— (2022). *Lo que la escuela puede hacer todavía por la democracia.* Popular.

9. Diversidad

bell hooks (1952-2021)

Conversar, dar

Conversar es siempre dar.

En actividades de formación del profesorado es frecuente escuchar a muchos docentes quejarse de la escasa colaboración de las familias. A menudo asocian la queja a dificultades derivadas de la diversidad. En una ocasión, maestras y maestros de una escuela pidieron a nuestro grupo de investigación una formación sobre educación intercultural, dada la dificultad que tenían para que las familias gitanas se acercaran al centro. Presuponían que tenían muchas resistencias y que no les interesaba la educación. Les preguntamos si habían ido a buscarlas, si conocían el barrio, si sabían dónde vivía ese alumnado, dónde jugaba o qué hacía fuera del colegio. Todas las respuestas fueron negativas. Aún recuerdo el impacto que produjo a estos maestros y maestras salir hacia esos lugares, estar presentes, escuchar desde allí la acogida del alumnado y las familias... Fue como si los vieran por primera vez. Como iluminar un enorme espacio de visión hasta ahora no percibido.

bell hooks insiste en que la educación genera puntos ciegos en función de la raza, el sexo y la clase social, por lo que una pedagogía comprometida y liberadora no puede sino alumbrar lo que permanece en la sombra. Y para ello siempre hace falta un gesto. La apertura de este profesorado seguramente no resolvió por sí sola «los problemas derivados de la diversidad», pero sí les permitió ser conscientes de lo que no veían y así analizar desde otro lugar la situación que les preocupaba. A veces, traspasar las fronteras de la escuela, del horario, de la categoría profesional es una buena estrategia para romper otros límites, mentales e identitarios. Si alguien sabe de la importancia del gesto como transgresión y apertura es nuestra autora.

Gloria Jean Watkins fue, por decisión propia, bell hooks. Se presentó de esta manera a sí misma en el espacio público en el que desarrolló su labor intelectual y su activismo político. Y lo hizo para honrar a las mujeres cuyo nombre replicaba: Bell Blair Hooks, su bisabuela materna, y Rosa Bell Watkins, su madre. De ellas y de sus maestras, que la impulsaron a crecer en una escuela segregada de la Norteamérica sureña en los años cincuenta, conservó siempre el sentido de la praxis política y educativa como un compromiso de liberación y cuidado. En 1981 publicó su libro *¿Acaso no soy una mujer? Mujeres negras y feminismo*, donde explicitaba ese reconocimiento y advertía de este modo a las teóricas feministas –mayoritariamente blancas y de contextos acomodados– que el sujeto político mujer era diverso, estaba atravesado por opresiones múltiples y, además, se expresaba históricamente con diferentes lenguajes. «No pasa un día en que no piense en ella –dice sobre su madre– y en todas las mujeres negras como ella que, sin un movimiento político que las apuntalara ni teoría alguna sobre cómo ser feministas, proporcionaron claves prácticas para la liberación y ofrecieron a las generaciones que las sucedieron el regalo de la elección, la libertad y la plenitud mental, corporal y esencial».

Durante el proceso de redacción de mi tesis doctoral me sumergí de pleno en el debate académico y político feminista que hacía hincapié en la invisibilidad del legado de las mujeres. En ese tiempo se discutía sobre la posibilidad de invertir el orden de los apellidos en el Registro Civil y había mujeres que lo defendían como un acto simbólico de reparación ante el borrado de la genealogía femenina. No me pareció mala idea; yo misma insistí en presentarme con mis dos apellidos para reivindicar así a mi madre. Sin embargo, cuando le pregunté a Victoria Sau, pensadora y activista feminista, qué le parecía esta opción, me contestó con ironía: «Excelente. Pero no olvide que lo que reivindica es el apellido de sus abuelos maternos». Implacable. ¿Imposible salir entonces de la trampa del linaje patriarcal? No para bell hooks, que con su autobautismo rompe la lógica de la filiación y se nombra como las mujeres que le precedieron, eso sí, con nombre y apellido.

Para bell hooks las mayúsculas debían reservarse a las ideas, no a las personas, por eso escribía su nombre en minúscula. Siempre reacia a alimentar egos, empezando por el suyo, se distanció cuanto pudo de todo aquello que pudiera arrastrarla a una vanidad que consideraba intelectualmente vacua y políticamente peligrosa. Escribir su nombre en minúsculas era una forma de resistir a esos círculos académicos más obsesionados por la autoría de las ideas y la competición que por el aprovechamiento de esas ideas que, como ella decía, «están siempre en circulación». Así que acercarse al pensamiento de bell hooks sería como aceptar una invitación a reconocer esos saberes, a mirarlos desde otras perspectivas, a revisar conocimientos y compromisos políticos y pedagógicos. Según ella, para conocer es necesario aceptar algún tipo de conversación, una interacción generosa cuya entrega sea capaz de abrir la mente. Vale la pena aceptar ese reto, aunque no sea del todo cómodo, porque, de alguna manera, en el encuentro con hooks una acaba siempre situada frente a un espejo.

Existo, hay una historia

Me gusta pensar que existo, porque hay una historia.

Los libros de bell hooks *Enseñar a transgredir* y *Enseñar pensamiento crítico* me interpelan personalmente como mujer blanca europea, docente e investigadora universitaria, de mediana edad y heterosexual cisgénero. Desde todas esas categorías, percibo algo en el discurso de esta profesora y escritora afroamericana *queer* que me recuerda quién soy a medida en que ella cuenta su propia historia. Cuando muestra su perspectiva feminista crítica y comprometida, me sitúa en el lugar desde donde yo interpreto la educación, y mientras leo su experiencia a partir de la diversidad, la entrelazo con la mía y puedo ir tejiendo y destejiendo ideas sobre inclusión, equidad y justicia social.

Pero lo más interesante es que ese reflejo en sus textos no solo invita a reconocer los anclajes identitarios que condicionan la manera de estar en una relación educativa, sino que ayuda a verlos desde otro lugar. Por ejemplo, desde la teoría y práctica feminista hay que reconocer las implicaciones que tiene para profesorado y alumnado la percepción subjetiva sobre la asignación sexual y su relación con las atribuciones desiguales en función del género. Pero todo eso, que sería partir de lo que somos en relación con una categoría sexo-género culturalmente establecida, para hooks es partir de donde estamos en función de tal clasificación. Los anclajes identitarios que yo tiendo a estabilizar para equilibrar mi posición los entiende ella como marcos de referencia que explican de dónde venimos pero que no dejan de ser un mero punto de partida en cada uno de los procesos educativos. Entiende hooks que estos procesos son conversaciones abiertas, modos de resistencia y posibilidad en los que los sujetos construyen vínculos comunitarios desde sus diferencias individuales.

En ese sentido, la adscripción sexo-género de cada cual no es el primer interrogante que hay que resolver en un aula inclusiva. Para hooks, la pregunta es otra: ¿De qué manera empezamos a construir comunidad y cuidado mutuo desde la escucha y la comprensión de la diversidad sexual? No se trataría entonces de definir «quiénes somos», sino de identificar «desde dónde hablamos» y hacia dónde queremos caminar juntos.

Resulta muy revelador este desplazamiento y, aunque admito ciertas resistencias respecto a la teoría *queer*, comprendo el alcance emancipador de esta perspectiva cuando atiendo las consideraciones que sobre ella hace esta autora. Quizá porque hooks habla desde la experiencia, con un lenguaje directo, desprovisto de artefactos académicos y abstracciones discursivas: «Una teoría que no se pueda compartir en la conversación cotidiana no se puede utilizar para educar». Se trata de una advertencia especialmente significativa en pleno debate sobre la incidencia de la pedagogía *queer* en la educación formal. Lo veo actualmente en las aulas del grado de Maestro y Maestra en Educación Infantil y en las del máster de Secundaria. Si lo que pretendemos es comprender, contrastar y generar conocimiento a partir de esta propuesta, resulta mucho menos eficaz un debate intelectual sobre la performatividad de la identidad de género en la escuela que abordar la discusión desde las experiencias vitales del alumnado, tanto las propias como las que pueden observar en los centros educativos mientras realizan el Prácticum.

En abstracto, el debate siempre se impregna de connotaciones ideológicas y marcos de análisis estrechos, pero cuando la reflexión parte de la vida experimentada en los centros, connotaciones y marcos se amplían. ¿Qué sucede en la escuela con el cuerpo? ¿Cómo cuentan los cuerpos de alumnado y profesorado su historia? ¿Y las familias? ¿Tienen espacio para ser en su cuerpo dentro de la escuela?

Incorporar la conciencia del cuerpo –de saberse en un cuerpo– dentro de los espacios que atraviesa la educación es básico para la educación inclusiva y es uno de los requisitos para la pedagogía de bell hooks. Para ella, la identidad incluye mente y cuerpo en relación. No es algo fijo, ni está hecha de esencias ni categorizaciones, sino de narraciones subjetivas: «Las historias que cuento sobre quién soy constituyen mi yo como-yo-me-veo cuando las cuento».

Así pues, según ella, la escucha activa y profunda de historias compartidas es lo que convierte a los espacios educativos en lugares de reconocimiento, asombro e imaginación. Unos espacios para que el alumnado se muestre por completo y se abra de forma radical. Un alumno gitano, una profesora lesbiana, una madre desahuciada, un conserje de origen magrebí… ¿Cuántas historias se escuchan de verdad en una escuela? Desplazar la identidad como concepto y poner en primer plano la voz de los sujetos que aprenden a ser en relación con el otro diverso parece, en definitiva, una buena manera de empezar a utilizar el potencial emancipador de la propuesta *queer*.

El privilegio de negar el cuerpo

La persona que tiene más poder tiene el privilegio de negar su cuerpo.

Junto a esa capacidad de hooks para situarnos y desplazarnos a la vez, lo que más me seduce de su planteamiento es la absoluta claridad y honestidad con la que asume paradojas, contradicciones y dudas. Con ello no solo suma coherencia a su compromiso con una pedagogía dialógica y transformadora, sino que abre continuos interrogantes y posibilita nuevas conversaciones. Cuando, por ejemplo, reconoce cierta tensión a la hora de recomendar autores como William Faulkner, en cuya obra hay sesgos racistas, lo hace advirtiendo sobre el contexto cultural del autor y las posibilidades de una lectura crítica pero también preguntando cómo se puede obviar el efecto de una obra que le ha conmovido: «Si la obra de ese escritor o escritora me llega al alma por cómo usa el lenguaje o describe el paisaje, mi mente escogerá centrarse en ese aspecto de su trabajo, que me está cautivando». No niega la incomodidad ni el dolor de la decepción en algunos pasajes o personajes, pero reconoce que si se hubiera negado a leer a su admirado Faulkner porque era racista, ella simplemente no sería la misma.

Cuando leí estos pasajes me vi transportada a una de mis primeras experiencias como docente. Realizaba un taller de prensa para alumnado de 14 años y mientras esperaba que acabara la clase anterior eché un vistazo a los murales que decoraban el centro. Todos hablaban de libros de Julio Verne y señalaban los sesgos sexistas que impregnaban sus obras. En el aula, chicos y chicas estaban separados y en plena batalla campal porque ellos habían colocado varios pósteres de mujeres desnudas en el aula, a lo que ellas respondían increpándoles con una amplia gama de adjetivos. Me recuerdo perpleja y desbordada por una situación que no comprendía. ¿Cómo conciliar la diligente y unánime censura a Julio Verne con este caos? Les pregunté por este asunto, por si se sentían interpelados por la contradicción, y la única conclusión contundente y unánime fue que no volverían a leer a Julio Verne porque era un machista. No supe qué decir, pero leyendo hoy a hooks entiendo que dirigir la lectura de estos alumnos y alumnas hacia el único objetivo de identificar sesgos sexistas no les permitió encontrar en los libros de Verne otras cosas, algo que les «tocara el alma», que les conmoviera y que, además, les sirviera para acercarse al contexto histórico y cultural del autor. Tampoco sé si esto hubiera aplacado la guerra de sexos entre adolescentes, pero, sin duda, enseñarles que todo sistema de dominación es paradójico porque, como decía hooks, no es cerrado ni absoluto les hubiera colocado en otro nivel de lectura, y quién sabe si hubieran sido de otra manera.

Resulta impactante la firmeza con la que hooks resuelve este tipo de dudas. Cuando algunas feministas le preguntaban sobre el sexismo en la obra de Paulo Freire contestaba: «Poder acceder a una obra que promueve la propia liberación es un regalo tan poderoso que no importa mucho si el regalo tiene defectos». Decía que como persona negra del campo se había sentido más incluida en *Pedagogía del oprimido* de Freire que en los primeros libros feministas como *La mística de la feminidad* de Betty Friedan. Aunque el pensamiento feminista le dio fuerza para realizar una crítica a la obra del pedagogo brasileño, no quiso desaprovechar la oportunidad de señalar en su respuesta los propios sesgos de las pensadoras burguesas blancas: «Estas obras no tocaron con hondura a muchas mujeres negras, no porque no reconociéramos las experiencias comunes que las mujeres compartíamos, sino porque estos rasgos comunes estaban mediados por diferencias profundas en nuestras realidades creadas por la política de la raza y de la clase». En Freire había encontrado el reconocimiento de la posición de sujeto de las personas despojadas de derechos, y desde ahí se sentía empoderada para interpelarle críticamente desde su propia práctica pedagógica.

No hay nada más inclusivo para la construcción del conocimiento que esa disposición a dejarse sorprender por otras perspectivas o a convertir la discrepancia en una relación intelectual y política para la transformación. Un rasgo que no abunda precisamente en una academia donde proliferan autores y autoras más empeñados en la pureza que en la coherencia de su pensamiento. La coherencia de bell hooks es patente porque habla desde una conciencia radical de su propia existencia. Impacta su afirmación de que los grupos oprimidos tienen una experiencia de su cuerpo muy diferente en el espacio púbico, «porque acordarte de ti misma es verte siempre como un cuerpo dentro de un sistema que no se ha acostumbrado a tu presencia». ¿Cuánto ganaría la educación inclusiva si reconociéramos ese privilegio? ¿Cuán de efectiva sería si el profesorado desarrollara su práctica desde esa experiencia radical de la diversidad?

La de bell hooks es una reflexión apasionada, ya que, como ella dice, llegó a la teoría «porque estaba herida». Quería comprender el sufrimiento que le provocaba la desigualdad y quería que la herida desapareciera. Por eso, para ella la teoría tiene de algún modo una finalidad sanadora, porque permite llenar la práctica educativa de deseo y posibilidad. Desde una «pedagogía viva», hooks defiende un pensamiento para la acción desde la conciencia de pertenencia a una clase social, a una raza y a un sexo determinado, pero también desde la imaginación, el compromiso y la compasión. Una «sabiduría práctica», que crea empatía y comprensión de las circunstancias que condicionan a los demás. Por eso es tan significativa en ella esa insistencia en la naturaleza interdependiente de la teoría y los hechos, porque la conciencia de esa interdependencia posibilita que la diversidad, la diferencia, sea condición de posibilidad para una educación inclusiva.

Desde esa perspectiva, hooks concibe el aula como el espacio de posibilidad más radical del mundo universitario. Es cierto que no recuerdo que alguna vez lo fuera cuando yo era alumna y que según mi experiencia profesional en universidades españolas lo dominante es una visión del aula más bien despersonalizadora, instrumental y reproductora. Pero cuando leo a bell hooks reconozco prácticas y acciones en la línea de una pedagogía crítica, dialógica y comprometida. La posibilidad, entonces, ya no es entelequia, sino que se materializa en experiencias donde la diversidad es condición indispensable para la creación de conocimiento.

Bibliografía

bell hooks (2021). *Enseñar a transgredir.* Capitán Swing.
——— (2022). *Enseñar pensamiento crítico.* Rayo Verde.

10. Cuidados

Yayo Herrero (1965)

Racionalidad, relaciones de apoyo mutuo y con la tierra

> *Necesitamos estimular formas de racionalidad que favorezcan relaciones de apoyo mutuo entre seres humanos y con la tierra.*

Mientras escribo este texto, Yayo Herrero comparte en redes «Atajar las urgencias, desinflar el globo», un artículo que publica *ctxt.es* en el que denuncia las consecuencias de una turistificación depredadora en medio de una crisis ecosocial sin precedentes. Lo urgente, según Herrero, es garantizar unas condiciones de vida dignas, preservar el territorio que aún queda libre y comenzar una tarea comunitaria de restauración de todo aquello que está devorando el turismo industrial, ese globo qur hay que desinflar. Hace tiempo que sigo a esta activista, investigadora y profesora en ecología política, ecofeminismos y educación para la sostenibilidad.

Las aportaciones de Herrero, artículos, libros, informes y conferencias son directas, rigurosas y muy comprometidas. Entrelaza sus conocimientos sobre antropología, ingeniería agrícola y educación social con la experiencia adquirida en movimientos sociales, en la comisión de educación de Ecologistas en Acción y a través de su contacto con la realidad más inmediata, para ofrecer un discurso firme y muy didáctico. No escatima en ejemplos, muchos de África, Asia y América Latina, que evidencian las consecuencias del ecocidio provocado por una civilización a la que califica como energívora, extractivista, homogeneizadora, generadora de residuos tóxicos y competitiva.

Seguir a Herrero me reconcilia con el periodismo –no muy dispuesto a publicar opiniones que cuestionan el sistema que alimenta a los medios– y también con las redes sociales, a menudo desbordadas por contenido basura. También me ayuda a conectar con el sentido crítico y emancipador de la educación para el desarrollo sostenible, un término que, como otros –educación para la paz, educación para el consumo, coeducación…–, requiere anclajes y fundamentos para no convertirse en mero postureo pedagógico. Con la obra de Yayo Herrero podemos aprender sobre el valor del vínculo humano con la tierra, sobre la importancia de contribuir a su conservación desde la conciencia de ser una especie entre otras y también sobre la repercusión de sentirnos naturaleza.

La educación sostenible ha experimentado un impulso institucional desde que Naciones Unidas publicara en 1992 las primeras reflexiones sobre este aspecto. En 2015 la Agenda 2030 sobre el Desarrollo Sostenible incluye la educación de calidad como objetivo y como condición transversal para la consecución de todos los demás. El reciente Informe Unesco *Reimaginar juntos nuestros futuros. Un nuevo contrato social para la educación* llama a transformar colectivamente las prácticas educativas desde parámetros de justicia, equidad y sostenibilidad para hacer frente al retroceso democrático y al cambio climático. La urgencia de trabajar en este sentido crece a golpe de evidencias (hambre, violación de derechos humanos, desertización...), pero no así la capacidad de los sistemas educativos para adoptar un paradigma distinto. ¿Cómo es posible que después de tres décadas de declaraciones y normativas no se hayan conseguido avances contundentes?

Herrero advierte de que si las medidas y estrategias se perciben en abstracto o como una imposición de instancias externas, no repercuten realmente sobre la cultura escolar e impiden una transformación real. Incorporar contenidos, asignaturas o metodologías no provoca por sí mismo cambios estructurales, aunque sí multiplica trámites y procedimientos. Y así andan las universidades y las escuelas, entretenidas en adaptar y hacer hueco a los Objetivos de Desarrollo Sostenible (ODS), sin asumir como propio y necesario un cambio radical de mirada sobre la identidad humana y la realidad que sostiene la vida.

Según Yayo Herrero, la escuela debe ir a la raíz del problema y combatir una cultura capitalista que es ecológicamente analfabeta, potencia la falsa promesa de un crecimiento ilimitado y alimenta la fantasía de que la ciencia y la tecnología serán capaces de resolver cualquier problema. Si queremos componer un nuevo relato cultural más acorde con la materialidad humana, necesitamos una formación cívica para la sostenibilidad de la vida, y ahí la educación formal tiene una responsabilidad fundamental. Aunque no es solo tarea suya, la escuela ha de generar una ciudadanía activa, con conciencia de formar parte de una especie ecodependiente e interdependiente y con voluntad de colaboración. Para ello debe conectarse con su entorno y poner la vida en el centro, tanto en los contenidos como desde sus prácticas.

Esta es precisamente la perspectiva que adoptamos en el grupo de investigación MEICRI (Mejora Educativa y Ciudadanía Crítica) de la Universitat Jaume I cuando acompañamos a centros que quieren transformar sus relaciones educativas desde principios interculturales e inclusivos. Entendemos que la escuela, además de ser consciente de su contexto, debe convertirse en una instancia dinamizadora de aprendizajes y mejoras sociocomunitarias. Desde procesos de investigación-acción participativa, las comunidades educativas detectan necesidades de intervención en sus barrios y poblaciones, realizan propuestas de mejora y analizan las repercusiones que generan dentro y fuera de los centros. Hablamos de una escuela incluida en su territorio, que mira la realidad de frente, asume límites y fragilidades y actúa colaborativamente en la creación de pedagogías centradas en lo común, la sostenibilidad y el cuidado.

Dice Herrero que necesitamos una imaginación que nos permita mirar el capitalismo desde fuera aunque estemos dentro. Una racionalidad que no idolatre la tecnología ni excluya emociones y expresiones que nos enlazan con el mundo natural: «Hace falta ciencia e información, pero también arte, poesía y pasión». Esto requiere adoptar un punto de vista que sea consciente de sus límites y se abra a la cooperación y al mestizaje de saberes para la conservación de la vida común. Todo punto de vista tiene puntos ciegos, pero no los percibimos porque tendemos a completar con prejuicios e ideas fijas los vacíos que genera nuestra visión limitada. No vemos que no vemos, y de no existir elementos que nos ayudan a desplazar la mirada seguiríamos condicionados por esas zonas oscuras.

Tanto en la formación del profesorado como en los proyectos de investigación junto al profesorado de las escuelas, constatamos hasta qué punto encontrar esos lenguajes-otros (artísticos, corporales, emocionales) es un factor clave tanto para identificar los puntos ciegos como para revisar nuestras percepciones y crear una cultura común. Herrero afirma que la escuela puede iluminar lo invisible y desvelar rutas no previstas en la lucha contra la crisis global. A mi juicio, solo podrá hacerlo si sus comunidades experimentan radicalmente el alcance de su propia ceguera y alumbran espacios efectivos de cooperación.

Una escuela que cuida

En una escuela en la que no se cuida no se puede aprender.

El pilar sobre el que Yayo Herrero sustenta su discurso es el ecofeminismo, al que define como «un paraguas que cubre experiencias muy diversas que entretejen el feminismo y el ecologismo social». La ecofeminista es una corriente dentro del enfoque político de la sostenibilidad de la vida cuyo punto central es la apuesta por una cultura y ética del cuidado desde la que poder articular la protección de la naturaleza y la garantía de los derechos humanos. Trata de superar un pensamiento occidental androcéntrico y excluyente que día a día muestra su fracaso a la hora de enseñar a ser y a convivir para incorporar los conocimientos construidos en la práctica cotidiana de los cuidados y desde la lucha por la supervivencia.

Una pedagogía centrada en el cuidado, asegura Herrero, «permitiría desarrollar habilidades de escucha, ternura, compromiso, acompañamiento, empatía, paciencia, perseverancia y responsabilidad, todas ellas necesarias para priorizar el aprendizaje que conduzca a tejer los vínculos rotos con la tierra y los cuerpos». Precisamente estas son las habilidades que ahora mismo más valoran las administraciones educativas y las escuelas. Sus demandas más comunes sobre la formación inicial de docentes son que se les enseñe a prevenir y resolver conflictos y a generar vínculos con su alumnado y con el entorno, de manera que puedan contribuir a construir una buena vida en común.

Cada curso, miembros de los equipos de prevención de violencia en los centros educativos –profesionales de la psicología, la orientación y la inspección educativa– dan una charla a estudiantes del máster de Secundaria en la que insisten en la importancia de priorizar el trato humano por encima de contenidos y especialidades. Porque considerar al alumnado en su diversidad y aterrizar las prácticas en sus contextos no es únicamente una opción educativa, sino una cuestión de salud pública. Se apoyan en el alarmante aumento de suicidios, autolesiones y trastornos de conducta entre personas más jóvenes en los últimos años.

Muchos claustros están desbordados y acusan desánimo y cansancio ante una situación para la que no han sido preparados. En esas charlas surge la misma inquietud entre los estudiantes: no sabemos psicología, ¿cómo vamos a enfrentarnos a este problema? Y la respuesta es siempre la misma: asumiendo que vuestra primera responsabilidad educativa es cuidar la relación humana, reconociendo la propia vulnerabilidad, la del alumnado y la de las familias, trabajando colaborativamente y estableciendo redes de aprendizajes y cuidados comunitarios. Existen protocolos de actuación para todo tipo de situaciones, pero de nada sirven si no hay conciencia de pertenecer a un colectivo que trabaja por una meta común de salud y convivencia. Tal y como afirma nuestra autora, «Procurar los cuidados entre quienes componen la comunidad educativa ayuda a detectar y eliminar los privilegios y violencias [...]; la escuela no solo pasa a ser en ese escenario una institución que enseña, sino que también protege».

La pandemia de covid-19 disparó este malestar, y no solo en centros de Educación Secundaria. En mis clases pude observar el aumento de estudiantes ingresadas o medicalizadas por ansiedad, depresión o anorexia nerviosa. Un día, una chica tuvo que salir del aula porque no podía respirar. Paré la sesión y formulé una pregunta sobre la que giró nuestra reflexión y las actividades que realizamos durante un tiempo: ¿Qué nos está pasando? Yo tampoco soy psicóloga, pero si veo sufrir a mis estudiantes y observo en mí misma y en mi entorno las secuelas de una crisis sin precedentes, no puedo mirar hacia otro lado. Algo tendré que hacer.

Herrero es muy explícita al respecto: «El mundo va a ser muy diferente de cómo ha sido y, si es así, no se puede seguir educando como si no pasase nada». La crisis ha situado al sistema frente al espejo y se ha hecho más que evidente cada una de sus carencias. El virus ha enfermado nuestros cuerpos, pero la enfermedad que consume nuestras mentes tiene, entre otras causas, un sistema agresivo que nos aboca al aislamiento y la precariedad y una cultura incapaz de «hacerse cargo de los límites y la vulnerabilidad de lo vivo».

Hemos interiorizado que la angustia, la fatiga o el desconsuelo son manifestaciones de problemas y carencias personales, y no identificamos motivos estructurales ni activamos respuestas colectivas. Pero nada cambia si se reduce la respuesta a la atención sanitaria, reiterando prácticas que nos ciegan y reproduciendo esquemas que nos enferman. Desde mi departamento hemos pedido al Rectorado que analice hasta qué punto las actuales dinámicas de relación universitaria (evaluación competitiva y excluyente, ritmos acelerados, concepción productivista del conocimiento, problemas de comunicación...) se convierten en riesgos para la salud de nuestro alumnado. Si queremos formar a docentes que transformen, debemos asumir nuestras responsabilidades como educadores y educadoras, alumbrar lo que no hemos visto y cambiar las condiciones para ofrecer alternativas reales.

Creatividad, imaginación colectiva, esperanza activa

> *Educar para la creatividad y la imaginación colectiva es una enorme potencia que posibilita la esperanza activa.*

Una de las emociones más transversales en las experiencias que he citado seguramente sea la del miedo: miedo de los centros a emprender proyectos comunitarios, miedo de la administración educativa a que la situación de violencia y malestar se desborde en los institutos, miedo del profesorado a no estar suficientemente preparado, miedo del alumnado a no estar a la altura de las exigencias universitarias, mi propio miedo a no saber qué hacer, miedo generalizado ante un presente y un futuro inciertos... Coincido con Herrero en que sentir miedo forma parte de la capacidad de supervivencia, siempre que se reconozca, no paralice o se convierta en un valor. En ocasiones, los proyectos de transformación social o de mejora educativa se encallan precisamente por no saber gestionar esa sensación. Parece irresponsable entonces eludir una reflexión sobre este punto en la formación del profesorado.

La película española *Cobardes* es un buen recurso en este sentido, porque retrata con nitidez la trampa en la que ha caído una sociedad cegada por sus miedos. La historia parte de una situación de acoso en una escuela y la narración traza un itinerario por los distintos personajes que muestra la red de coartadas que cada cual esgrime hasta caer en una enfermiza espiral de silencio. La víctima teme a su acosador y este a sus padres. El padre del chico que sufre el acoso no tiene valor para enfrentarse a los jefes que le humillan y su madre, periodista, es incapaz de dar la cara por la verdad. El padre del acosador, político emergente, claudica ante sus compañeros de partido por miedo a perder su estatus, mientras que la madre calla, temerosa del escándalo. Los profesores aparecen temerosos de ejercer su autoridad... Y así se sucede una rueda de tensiones, autoengaños y excusas que genera un clima absolutamente desolador y violento.

El visionado de esta película es una excelente excusa para preguntarnos por la naturaleza y el alcance de esta violencia endémica. A veces el alumnado de Magisterio reconoce abiertamente sus propias limitaciones a la hora de responder a conflictos académicos o a problemas en las escuelas donde hace sus prácticas: «Tengo miedo a suspender, a perder la beca, a no ser capaz». Algunos claudican sin dar la batalla: «No se puede hacer nada, las cosas son así». Y hay quien culpa a la educación recibida: «No se nos enseña a enfrentarnos al poder». Herrero considera como una importante tarea educativa el ayudar a reconocer todos esos miedos, fomentar el valor de mirar la realidad cara a cara y esforzarse para que otros también lo hagan.

Expresar y poner en común temores y dudas es básico para formar redes y generar espacios en los que sentir seguridad y estimular la imaginación y la esperanza colectivas. Ser conscientes de que las personas nos necesitamos unas a otras ayuda a romper la inercia del mínimo riesgo y a buscar sinergias basadas en la empatía y la solidaridad. Basándonos en la ética del cuidado –o, en expresión acuñada desde el feminismo, educando en ciudadanía– podemos formar en una ciudadanía consciente y responsable. Obviamente, esto requiere coherencia en cualquiera de nuestros espacios de intervención: aulas, departamentos, claustros, asociaciones de familias de alumnado (AFA), empresas o sindicatos. Si queremos ayudar al alumnado a romper las cadenas de miedo que les paraliza, hemos de ser conscientes de que difícilmente lo lograremos si vamos arrastrando las nuestras.

Para Herrero, el trabajo de la escuela inclusiva resulta imprescindible para conseguir tales fines, puesto que hace posible que cada cual encuentre un lugar desde el que aprender y enseñar en colaboración y sin exclusiones. Tenemos que reconocer, sin embargo, que existen sesgos importantes en la materialización de la educación inclusiva. Son inercias o puntos ciegos que pueden acabar impregnando normativas y prácticas con acentos capacitistas, elitistas, sexistas o etnocéntricos. ¿Quién incluye y quién es el objeto de inclusión? ¿Dónde están los márgenes de ese espacio en el que debemos integrarnos y quién los decide? La activista afroamericana Basha Changuerra lo expresa muy bien en estos versos de su poema *¿Inclusión? No, gracias*:

Cuentas conmigo, sí, pero al incluirme, el canon lo impones tú.
A mí no me incluyas, no me des voz, no me cedas espacio y no me pases el micro.
Puedes contar conmigo desde el respeto a lo que soy.
Reconociéndome como igual, sin imponer, sin marcar, sin juzgar.
Mírame, escúchame, pregúntame, reconóceme como soy.
Compartamos en igualdad.

La inclusión basada en el diálogo de saberes, la construcción colectiva y la transdisciplinariedad es, desde luego, un principio que orienta la acción educativa hacia la equidad y el respeto por la diferencia. Por ello, en cada acompañamiento a escuelas que quieren emprender un proceso de transformación centrado en valores de inclusión e interculturalidad partimos siempre de actividades que nos permiten reconocer y abordar nuestras múltiples cegueras y temores respecto a la diversidad: ver que no vemos, desplazar la mirada y compartir perspectivas para conseguir poner realmente la vida en el centro.

Bibliografía

Yayo Herrero (2018). *La vida en el centro. Voces y relatos ecofeministas.* Libros en Acción.
——— (2021). *Los cinco elementos. Una cartilla de alfabetización ecológica.* Arcadia.
——— (2022). *Educar para la sostenibilidad de la vida. Una mirada ecofeminista de la educación.* Octaedro.